Heil

Bestimmen – Erleben – Schützen

EIN
ADAC
BUCH

Heilpflanzen

Bestimmen – Erleben – Schützen

Inhalt

Heilpflanzen unserer Heimat

Die faszinierende Welt der Heilpflanzen 8
Die Auswahl der Arten
Blüten als Visitenkarten
Weitere Bestimmungshilfen

Die Farben der Blüten 10
Die Mischung macht's
Die Farbgruppen
Grün und bunt

Ein- und zweijährige Heilpflanzen
Der Stängel
Stacheln, Dornen, Haare

Die Formen der Blüten 12
Strahlig oder spiegelsymmetrisch
Die Schmetterlingsblüte
Die Lippenblüte
Eine Dolde, viele Döldchen
Köpfchen, Rispen, Trauben

Die Blätter der Heilpflanzen 16
Blattstellungen
Blattformen
Blattränder und besondere Blätter

Heilpflanzen im Jahreslauf 18
Pflanzen im Winterschlaf
Die Frühblüher
Die Pracht des Sommers
Die Früchte des Herbstes
Bauerngärten – nützlich und schön

Wuchs- und Lebensformen der Heilpflanzen 14
Verholzte Apotheken
Langlebige Heilpflanzen

Vorwort

Heilpflanzen einst und jetzt 20

Philosophenmedizin
Hexen und heilkundige Mönche
Vom Kräuterbuch zum Labor

Gute Drogen – schlechte Drogen 22

Giftige Medizin
Pflanzen, die auf die Nerven gehen
Süße Gifte
Öle, Gerb- und Bitterstoffe
Medizinische Drogen

Heilpflanzen bestimmen

Blütenfarbe Rot 26–59
Blüten: zartrosa bis rotbraun

Blütenfarbe Weiß 60–105
Blüten: rein weiß bis grünlich weiß

Blütenfarbe Blau 106–125
Blüten: zartblau bis blauviolett

Blütenfarbe Gelb 126–185
Blüten: blassgelb bis orangefarben

Ein Wort zuvor

Viele der noch heute genutzten Heilpflanzen wurden schon in der Antike oder im Mittelalter entdeckt – manche sind sogar bereits seit der Frühgeschichte bekannt. Die meisten wachsen wild, andere werden seit Jahrhunderten in Bauern- und Klostergärten gepflanzt. Dieser Naturführer stellt in 160 Porträts die wichtigsten und häufigsten Heilpflanzen vor. Sie sind nach ihrer Blütenfarbe in die Farbgruppen Rot, Weiß, Blau und Gelb eingeteilt. Damit ist es möglich, aus der Vielfalt der heimischen Pflanzen die klassischen und modernen Heilpflanzen rasch zu bestimmen.

Dieser Naturführer verzichtet bewusst auf Fachsprache und beschränkt sich auf wenige notwendige Begriffe, die im Einleitungsteil knapp und leicht verständlich erklärt werden. Dort findet man auch Informationen über die medizinisch bedeutsamen Inhaltsstoffe und die Geschichte der Heilkunde.

Warnhinweis

Viele Heilpflanzen sind giftig. Sie können gesundheitsschädliche oder sogar tödliche Substanzen enthalten. In den Beschreibungen wird stets auf die Giftigkeit hingewiesen. Dieser Naturführer dient dazu, die Heilpflanzen in ihrer natürlichen Umgebung zu erkennen, darf aber keinesfalls als Anleitung zum Sammeln oder zur Selbstmedikation verstanden werden. Vor einer Behandlung mit Heilpflanzen sollte unbedingt der Rat eines Arztes oder Apothekers eingeholt werden.

Heilpflanzen unserer Heimat

Die faszinierende Welt der Heilpflanzen

Ringelblumen sind klassische Heilpflanzen der Bauerngärten.

Die faszinierende Welt der Heilpflanzen

Was macht eine Pflanze zur Heilpflanze? Für die moderne medizinische Forschung ist diese Frage recht einfach zu beantworten: Sie muss Wirkstoffe enthalten, die bei einer bestimmten Krankheit Heilung versprechen. Den Ärzten der Antike und des Mittelalters standen jedoch keine Methoden zur Verfügung, die Wirksamkeit einer Pflanze zu überprüfen. Sie verließen sich vor allem auf den Augenschein und den reichen Erfahrungsschatz ihrer Vorgänger. Daher verstehen wir heute unter Heilpflanzen sowohl Arten, die nachweislich medizinisch wirksam sind, als auch solche, die seit langem in der Volksheilkunde eingesetzt wurden und werden.

Die Auswahl der Arten

Viele Pflanzen unserer heimischen Natur enthalten Inhaltsstoffe, die bei bestimmten Leiden Heilung oder Linderung bringen. Dabei unterscheiden sie sich in der Regel kaum von »normalen« Pflanzen. Dieser Naturführer stellt die wichtigsten Kräuter, Bäume und Sträucher vor, die seit alters wegen ihrer Heilkraft gesammelt wurden. Es ist eine faszinierende Erfahrung, mitten in einer Wiese, einem Wald oder am Wegesrand eine Pflanze zu entdecken, die bereits die berühmte Hildegard von Bingen im 12. Jahrhundert kannte und empfahl.

Neben diesen wild wachsenden Heilkräutern sind aber auch Pflanzen beschrieben, die zuerst in den Apothekengärtchen mittelalterlicher Klöster und später in Bauerngärten wuchsen. Man findet sie in Freilichtmuseen, rekonstruierten Kräutergärten und manchmal sogar – sofern sie verwildern konnten – auch in der freien Natur.

Ordnung der Arten

Da neben Kräutern auch Bäume und Sträucher als Heilpflanzen genutzt wurden, sind alle Arten dieses Buches nach deutlich sichtbaren Merkmalen angeordnet. Besonders ähnliche oder verwechselbare Formen sind gut zu vergleichen, da sie auf gegenüberliegenden Doppelseiten vorgestellt werden.

Die faszinierende Welt der Heilpflanzen

Blüten als Visitenkarten

Pflanzen können in ihrem Lebensraum durchaus unterschiedliche Größen und Formen ausbilden. Eines jedoch bleibt bei allen Exemplaren einer Art stets gleich: die Form der Blüte. Sie bestimmt die Art der Bestäubung, indem sie z. B. ganz spezielle Insekten anlockt, und sorgt so für die erfolgreiche Verbreitung der Art. Blütenfarbe und Blütenform sind die wichtigsten Merkmale für eine erfolgreiche Bestimmung durch den Laien. Deshalb sind alle Heilpflanzen in diesem Band nach ihrer Blütenfarbe und innerhalb der Farbgruppe nach der Zahl und Anordnung der Blütenblätter zusammengestellt.

Weitere Bestimmungshilfen

Neben dem Foto, das meist schon eine erste Bestimmung ermöglicht, sind in

Eibisch wird noch heute geschätzt.

Echte Kamille

Die giftige Tollkirsche

Echtes Lungenkraut

der Rubrik Merkmale die charakteristische Wuchsform, Art und Verteilung der Blätter sowie weitere Hinweise zu finden, die dabei helfen, die Pflanze sicher zu erkennen. Unter dem Stichwort Blüte wird die Blüte genauer beschrieben. Dazu gehört auch die Anordnung der Einzelblüten in Blütenständen. Außerhalb der Blütezeit kann manchmal die Art der Früchte bei der Bestimmung helfen. Vielfach sind es gerade die Früchte, die medizinisch genutzt werden. Auch das Vorkommen ist ein wichtiges Kennzeichen einer Pflanze, denn jede Art ist an einen ganz speziellen Lebensraum angepasst. Hier findet man auch die Herkunft nicht heimischer Heilpflanzen. Unter dem Stichwort Bedeutung wird schließlich aufgeführt, in welcher Form die jeweilige Pflanze genutzt wurde und wird. Hier wird nicht nur erläutert, welche Teile nach moderner Sichtweise medizinisch wirksam sind, sondern auch, wie man die Heilpflanze früher verwendete.

Eine gesonderte Signatur kennzeichnet die Giftigkeit der Pflanzen. Neben tödlich giftigen Arten wird auch auf schwach giftige oder Allergien auslösende Pflanzen hingewiesen.

Die Farbe der Blüten

Der Purpursonnenhut gehört zu den rot blühenden Pflanzen.

Die Farbe der Blüten

Obwohl wir dazu neigen, die Farben der Blüten einfach nur als hübschen, erfreulichen Anblick zu genießen, erfüllen sie eine äußerst wichtige biologische Aufgabe: Sie preisen wie Reklameschilder an, was eine Blüte zu bieten hat. Insekten verstehen diese Signale sehr genau und wissen: »Hier finde ich Nektar.« Vielfach geben Flecken, Streifen oder Muster sogar noch zusätzliche Hilfestellung zum Weg in die Blüte. Reklame ohne Profit kommt aber in der Natur nicht vor: Der biologische Nutzen für die Pflanze ist eine erfolgreiche Bestäubung.

Die Mischung macht's

In der Farbpalette der Natur kommen alle Grundfarben – Rot, Gelb, Blau – vor. Darüber hinaus Weiß, das entsteht, wenn das gesamte auftreffende Licht reflektiert wird. Diese vier Farbgruppen bilden

Meist blüht der Gewöhnliche Beinwell blauviolett, er kann aber auch weißlich gelbe oder rote Blüten bilden.

Die Farbe der Blüten

die Grundlage des Bestimmungsschlüssels und dienen als Leitsystem durch den Band. Allerdings gibt es vielfach Blüten, deren Farbe durch Mischung der Grundfarben entsteht. Je nach persönlicher Einschätzung könnten daher vor allem lilafarbene bis violette Töne eher als Rot oder Blau wahrgenommen werden.

Die Farbgruppen

Alle Heilpflanzen dieses Naturführers sind einer der vier Blütenfarbgruppen zugeordnet. In der Farbgruppe Rot sind neben eindeutig rot erscheinenden Blüten auch Pflanzen mit zartrosa gefärbten bis fast braunen Blüten zu finden. Gelegentlich können jedoch in der Regel rosa blühende Formen in der Natur fast weiß aussehen. Im Zweifelsfall sollten daher beide Farbgruppen überprüft werden.

In der Farbgruppe Weiß sind Blüten aller Schattierungen von Weiß enthalten. Hier sind auch jene Arten zu finden, deren normalerweise weiße Blüten, wie die der Schafgarbe, gelegentlich rosa überhaucht erscheinen.

Die Farbgruppe Blau schließt alle hell- bis dunkelblauen Blüten sowie die dunkelvioletten Formen ein. Unter Blau findet man auch Blüten in bläulichen Lilatönen. Blüten mit stärkeren Rotanteilen sind dagegen bei Rot eingeordnet.

Die Farbgruppe Gelb umfasst zartgelbe bis kräftig orangefarbene Blüten. Hier kann es nur zu Unsicherheiten kommen, wenn die Pflanzen in unterschiedlichen Farben blühen, z. B. die Kapuzinerkresse in Rot und Gelb, oder neben den gelben auch andersfarbige Blütenblätter gebildet werden, z. B. beim Gewöhnlichen Stiefmütterchen.

Grün und bunt

Da die meisten grünen Blüten auch etwas gelblich erscheinen, wurden sie in die Farbgruppe Gelb aufgenommen. Schließlich gibt es noch Blüten, wie jene des Beinwells oder Lungenkrauts, die ihre Farbe während der Reife von Rot nach Blau verändern. Beide erscheinen in der Farbgruppe Blau.

Unverwechselbar sind die weißen Blüten des Fieberklees.

Lavendelblüten zeigen das charakteristische Lavendelblau.

Goldgelb leuchten die Blüten des Echten Johanniskrauts.

Der grünlich gelb blühende Kalmus ist in der Farbgruppe Gelb zu finden.

Die Formen der Blüten

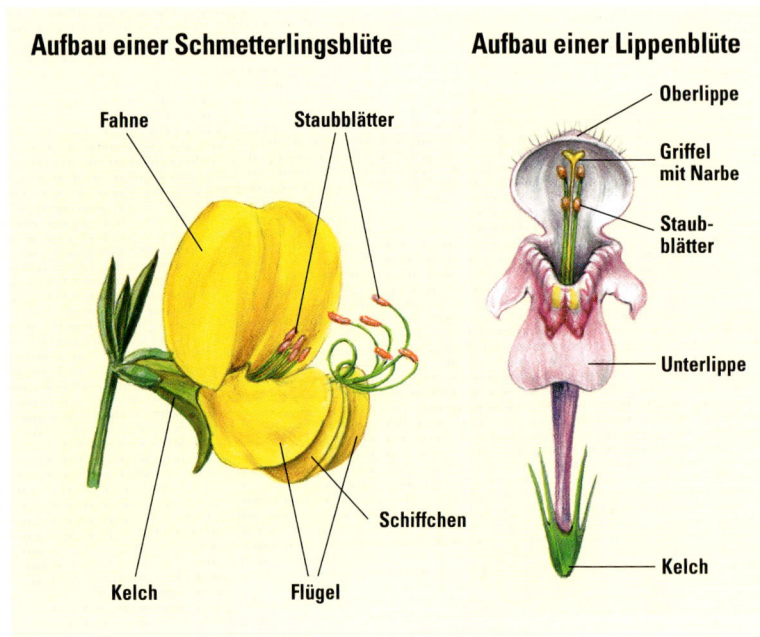

Die Formen der Blüten

Wie kompliziert eine Blüte auch aussehen mag, sie besteht immer aus vier Teilen: Kelch, Krone, Staubblättern und dem Fruchtknoten mit Griffel und Narbe. Zu wissen, wie eine Blüte aufgebaut ist, erleichtert die sichere Bestimmung der Art.

Strahlig oder spiegelsymmetrisch

Bei den meisten Blüten sind die vier Bestandteile so angeordnet, dass sie, wie etwa bei der Knoblauchsrauke oder dem Gänsefingerkraut, mehrere Spiegel- oder Symmetrieachsen aufweisen. Durch Blüten wie die des Roten Fingerhuts hingegen kann man nur eine Spiegelachse legen: Sie sind spiegelsymmetrisch.
Den äußeren Ring der Blüte bildet ein Kelch aus einzelnen oder miteinander verwachsenen Kelchblättern. Er ist meist grün und unscheinbarer als die bunten Kronblätter gestaltet. Form und Zahl der Kronblätter liefern wichtige Bestimmungsmerkmale. Im Innern der Blüte stehen die Staubblätter. In ihren Staubgefäßen wird der Blütenstaub, Pollen, gebildet. Das Blütenzentrum wird von einem oder mehreren Fruchtknoten eingenommen. Er ist häufig nicht direkt, sondern nur über den herausragenden Griffel zu identifizieren.
Sind Kelch oder Krone in einen langen Fortsatz ausgezogen, liegt eine gespornte Blüte vor.

Die Schmetterlingsblüte

Die charakteristische Form der spiegelsymmetrischen Schmetterlingsblüte gab einer ganzen Pflanzenfamilie ihren Namen. Sie besteht aus fünf Kronblättern. Die beiden unteren sind zu dem kahnförmigen Schiffchen verwachsen. Seitlich stehen die beiden Flügel, und nach oben ragt das fünfte Kronblatt, die Fahne empor. Bei manchen Pflanzen, z. B. dem Besenginster, reißt das Schiffchen auf, wenn sich ein schweres Insekt darauf niederlässt, und dann schnellen die Staubblätter heraus.

Die Formen der Blüten

Die Lippenblüte

Sind die Kronblätter zu einer spiegelsymmetrischen Röhre verwachsen, die in zwei lippenförmige Fortsätze ausläuft, bezeichnet man sie als Lippenblüte. In der Regel ist die Unterlippe in mehrere Lappen eingeschnitten und häufig durch Farbflecken markiert. Die Oberlippe kann sehr kurz und unscheinbar sein oder sich groß und helmartig aufwölben.

Eine Dolde, viele Döldchen

Viele Pflanzen bilden nicht nur eine, sondern einen Blütenstand aus mehreren Blüten aus. Eine Dolde besteht aus Einzelblüten, deren Stiele oder Doldenstrahlen in einem Punkt zusammenlaufen. Eine zusammengesetzte Dolde besteht aus den gestielten Döldchen, endständigen kleinen Dolden. Ein wichtiges Merkmal können auch Blätter sein, die an der Basis von Dolde oder Döldchen stehen.

Köpfchen, Rispen, Trauben

Am Stängel der Echten Kamille scheint eine einzige große Blüte zu sitzen. In Wirklichkeit handelt es sich jedoch um einen köpfchenförmigen Blütenstand aus zahlreichen, teils winzigen Einzelblüten: ein so genanntes Körbchen. Die am Rand stehenden sind als Zungenblüten ausgebildet, die kleinen Blüten im Zentrum bezeichnet man als Röhrenblüten. Von einem Köpfchen spricht man immer dann, wenn viele gleichartige Blüten dicht an dicht stehen.

Bei einer Rispe stehen gestielte Blüten in einem Blütenstand mit mehreren Verzweigungsachsen. Hat der Blütenstand nur eine Achse mit gestielten Blüten, so handelt es sich um eine Traube.

Manche Pflanzen, wie die Taubnesseln, bilden ihre Blüten dicht gedrängt in den Achseln von Blättern. Ein solcher Blütenstand heißt Quirl oder Wirtel.

Bei der Knoblauchsrauke stehen sich die vier Kronblätter kreuzförmig gegenüber.

Das Gänsefingerkraut hat fünf strahlenförmig angeordnete Blütenblätter.

Die »Blüte« der Kamille ist in Wirklichkeit ein köpfchenförmiger Blütenstand.

Der Rote Fingerhut hat spiegelsymmetrische Blüten.

Wuchs- und Lebensformen der Heilpflanzen

Ob eine Pflanze medizinisch wirksam ist oder nicht, hängt von ihren Inhaltsstoffen ab, und es gibt kein äußerlich sichtbares Merkmal, das auf ihre Heilkraft hinweisen könnte. Daher ist es erforderlich, sich mit den unterschiedlichen Wuchs- und Lebensformen zu befassen, um die entsprechenden Arten beschreiben und erkennen zu können.

Verholzte Apotheken
Eine Reihe von Heilpflanzen gehört zu den Bäumen und Sträuchern. Beide Gehölzformen leben viele Jahre und haben verholzte Stämme und Triebe.

Ein Baum zeichnet sich durch einen kräftigen Hauptstamm aus, von dem ab einer gewissen Höhe starke Seitenäste abzweigen.

Beim Strauch entspringen stets mehrere dünnere Triebe direkt aus den Wurzeln, ihm fehlt ein typischer Stamm.
In einigen Fällen, z. B. beim Faulbaum, wird die Rinde medizinisch genutzt. Dabei handelt es sich um ein korkhaltiges Abschlussgewebe, das mit dem zunehmenden Dickenwachstum der Zweige und Äste Schritt hält.

Vielfach werden Blüten und Früchte an so genannten Kurztrieben gebildet. Das sind Seitenzweige mit einem reduzierten Wachstum, die stets deutlich kürzer bleiben als die normalen Langtriebe, die für den Längenzuwachs von Bäumen und Sträuchern verantwortlich sind.

Langlebige Heilpflanzen
Die Mehrzahl aller Heilpflanzen sind jedoch krautige Pflanzen, die nicht oder nur im untersten Bereich verholzen. Während die Triebe von Stauden zeitlebens krautig bleiben, verholzen sie bei Halbsträuchern teilweise, jedoch nie vollständig. Anders als Bäume und Sträucher überstehen krautige Pflanzen den Winter mithilfe von Speicher- und Überdauerungsorganen.

Stauden haben ein ausgeprägtes Wurzelwerk. Während der warmen Jahreszeiten lagern sie darin Nährstoffe ab. Im Spätherbst oder Winter sterben die oberirdischen Teile ab, und die Pflanze geht in die Winterruhe. Wenn im nächsten Frühling die Nährstoffe mobilisiert werden, treibt die Pflanze wieder aus.

Ein Rhizom ist eine Sonderform unter den Speicherorganen: Es ist keine Wurzel, sondern ein unterirdisch kriechender Spross, aus dem Jahr für Jahr neue oberirdische Sprosse austreiben.

Einen völlig anderen Überlebenstrick haben die Zwiebelgewächse entwickelt. Ihre kleinen Wurzeln eignen sich nicht als Speicherorgan. Stattdessen lagern sie Nährstoffe in fleischig verdickten, oft tief im Boden verborgenen Blättern ab, die schalenförmig ineinander greifen. Die Zwiebel der Küchenzwiebel ist ein bekanntes Beispiel für ein derartiges Speicherorgan.

Beim Bärlauch, einem Zwiebelgewächs, welken die Blätter bald nach der Blüte.

Wuchs- und Lebensformen der Heilpflanzen

Ein- und zweijährige Heilpflanzen

Einjährige Pflanzen schließen ihren gesamten Lebenszyklus innerhalb einer einzigen Vegetationsperiode mit der Bildung von Samen ab. Samen enthalten fast kein Wasser und sind daher kaum frostanfällig. In den warmen Frühlingstemperaturen keimen sie dann aus.

Zweijährige überdauern den Winter als kleine Pflanzen, deren Blätter oft dicht dem Boden angeschmiegt sind. Erst im zweiten Jahr kommen sie zur Blüte.

Der Stängel

Der oder die Stängel bestimmen maßgeblich die charakteristische Wuchsform einer Pflanze. Bei kriechenden Pflanzen wächst der Stängel über den Erdboden und richtet sich oft nur an den Blüten tragenden Enden auf. Aufrechte, unverzweigte Stängel verleihen einer Pflanze eine beinahe kerzenförmige Gestalt, während solche mit mehreren oder stark verzweigten Stängeln eher buschig wirken. Die Wuchsform der Heilpflanzen ermöglicht daher oft schon eine erste, grobe Bestimmung der Art. Auch die Form des Stängels kann wertvolle Hilfestellung zum Erkennen einer Art bieten. Während die meisten Pflanzen runde, selten auch hohle Stängel besitzen, zeichnen sich beispielsweise alle Lippenblütler durch vierkantige Stängel aus.

Stacheln, Dornen, Haare

Neben ihren anderen charakteristischen Merkmalen sind es häufig die kleineren Anhangsorgane, die das sichere Erkennen einer Art erst ermöglichen. Stachel können an allen Pflanzenteilen gebildet werden. Es sind stets Auswüchse der obersten Gewebeschichten, während Dornen ausschließlich durch Umwandlung von Blättern oder Seitensprossen entstehen. Haare werden in den Beschreibungen nur dann erwähnt, wenn man sie mit bloßem Auge wahrnehmen kann. Wachsen die Haare lediglich an den Rändern von Blättern oder Blüten, werden sie als Wimpern bezeichnet.

Apfelbäume haben in aller Regel einen kräftig ausgeprägten Stamm.

Unter den Malvenarten gibt es sowohl einjährige Pflanzen wie Stauden.

Das Kleine Immergrün gehört zu den Halbsträuchern, da es im unteren Teil verholzt.

Die Blätter der Heilpflanzen

Beim Faulbaum stehen einfache, ovale Blätter wechselständig an den Zweigen.

Die Blätter der Heilpflanzen

Blätter sind außerhalb der Blütezeit die wohl charakteristischsten Organe der Pflanzen. Ihre flach ausgebreitete Form ist eine perfekte Anpassung an die Funktion: Sie fangen das Sonnenlicht ein und nutzen dessen Energie, um aus Wasser und dem Kohlendioxid der Luft Nährstoffe herzustellen. Während der gesamten Vegetationszeit stellen sie eine wichtige Bestimmungshilfe dar.

Blattstellungen
Die Anordnung der Blätter am Stängel folgt strengen Regeln: Grundständige oder Grundblätter sitzen dem Stängel in Bodennähe an. Sie sind häufig anders geformt als die höher stehenden Blätter. Bei manchen Pflanzen, z. B. den Wegericharten, sind die Grundblätter in Form einer Rosette angeordnet. Sie wachsen aus einem verkürzten Stängel aus und überlappen sich spiralig.
Bei Pflanzen mit wechselständigen Blättern entspringt jeweils nur ein Blatt oder Blattstiel aus einer Ansatzstelle. Stehen sich pro Ansatzstelle zwei Blätter gegenüber, spricht man von gegenständiger Blattstellung.

Blattformen
Blätter können grundsätzlich einfach, also ungeteilt, oder gefiedert sein. Bei einfachen Blättern bildet die Blattspreite eine durchgehende Fläche, während diese bei gefiederten Blättern unterteilt ist. Ein gefiedertes Blatt liegt aber nur dann vor, wenn die einzelnen Teilblättchen oder Blattfiedern bis zur Mittelrippe des Blattes getrennt sind.
Haben Blätter eine gerade Anzahl von Teilblättchen, sind sie paarig gefiedert. Kommt noch eine einzelne Fieder am Ende der Mittelrippe hinzu, sind sie unpaarig gefiedert. Eine Sonderform stellen die handförmig gefiederten Blätter dar, wie bei der Rosskastanie: Hier laufen alle Teilblättchen in der Nähe des Stiels in einem Punkt zusammen.
Da die einzelnen Teilblättchen ihrerseits untergliedert sein können, spricht man, je nach Teilungsgrad von zwei- bis mehrfach gefiederten Blättern.

Die Blätter der Heilpflanzen

Blattränder und besondere Blätter

Der Rand von Blättern und Fiedern ist entweder glatt oder eingeschnitten. Die eingeschnittenen Formen wiederum unterscheiden sich in Grad und Ausprägung der Einschnitte. Bei den gezackten reichen die Einschnitte nicht sehr tief, bei eingebuchteten Blättern können sie fast bis zur Mittelrippe gehen und zusätzlich gezackt sein.

Unter Tragblättern versteht man Blätter, aus deren Achseln Blüten oder Seitentriebe entspringen. Nebenblätter stehen an der Basis des Blattstiels, und Blattscheiden sind Verbreiterungen des Blattstiels, die den Stängel wie eine Scheide umgeben.

Blattformen

rundlich bis oval

länglich bis spitz

handförmig gefiedert | einfach gefiedert | mehrfach gefiedert

Blattränder

glatt

gezackt

eingebuchtet

Blattstellungen

grundständig | gegenständig | wechselständig

Heilpflanzen im Jahreslauf

Obwohl wir dazu neigen, Pflanzen vor allem während ihrer Blütezeit wahrzunehmen, stellt diese Phase nur einen – allerdings sehr wichtigen – Ausschnitt aus ihrem Lebenszyklus dar.
Dabei macht die Betrachtung und Bestimmung von Heilpflanzen in freier Natur auch in der übrigen Zeit Spaß. Viele der bekanntesten Heilpflanzen allerdings stammen nicht aus unserer Region, sondern wurden aus dem Mittelmeerraum oder Vorderasien eingeführt. Während einige, wie der Kalmus, es geschafft haben, sich in der Natur auszubreiten, blieben andere, wie Rosmarin oder Echter Salbei, weitestgehend auf Gärten beschränkt. Daher hat es seinen ganz eigenen Reiz, inmitten scheinbar reiner Zierpflanzenbeete in Gärten und Parks alte Heilpflanzen aufzuspüren.

Pflanzen im Winterschlaf

Im Winter ruht das Pflanzenleben, da die Temperaturen gewöhnlich zu niedrig sind, um die Lebensfunktionen in vollem Maße aufrechtzuerhalten. Natürlich sind Pflanzen im Winter nicht tot, aber ihr Stoffwechsel ist auf Sparflamme geschaltet. Ihre Wurzeln ruhen gut geschützt im Boden, die Samen warten auf die warmen Temperaturen des Frühlings.
Am härtesten trifft der Winter die »Exoten« unter den Heilkräutern. Typische Mittelmeerpflanzen wie z. B. Lavendel können nur in Regionen mit milden Wintern oder mit speziellem Winterschutz im Garten überleben.

Die Frühblüher

Sobald im Frühling die Temperaturen steigen, schlägt die Stunde der Frühblüher. Sie brauchen keine sommerliche Wärme, um auszutreiben und Blüten zu bilden. Die Frühlingsschlüsselblume gehört zu den ersten Pflanzen, die Blätter austreiben und Blüten ausbilden. Als »Schnellläufer« haben sie bereits Samen erzeugt, wenn andere Pflanzen noch am Anfang ihrer Entwicklung stehen.
Andere Arten, wie die Pestwurz oder der Huflattich, verfolgen eine andere Strategie: Sie nutzen ihre gespeicherten Reservestoffe zunächst, um einen Blütenstängel zu bilden. Erst wenn die Bestäubung abgeschlossen ist, erzeugen sie große Blätter. Diese bleiben den Sommer über erhalten und sorgen dafür, dass die leeren Nährstoffspeicher für die Winterzeit wieder gefüllt werden.
Für die Kräuterweiblein des Mittelalters war der Frühling eine besonders wichtige Jahreszeit. Als es noch keine Kühlschränke oder Einfuhren frischer Lebensmittel aus anderen Teilen der Erde gab, ernährte man sich im Winter sehr vitaminarm. Nun gab es endlich wieder frisches Grün. Heilpflanzen wie das Scharbockskraut versorgten die Menschen mit reichlich Vitamin C und halfen daher, Skorbut zu vermeiden. Vielfach wurden dann auch Blätter gesammelt, die nur in ihrem Jugendstadium als Heilpflanzen dienen.

Die Pracht des Sommers

Der Sommer ist unbestreitbar die blütenreichste Jahreszeit. Neben zahllosen anderen Kräutern stehen nun auch die meisten Heilpflanzen in Blüte.

Huflattich | **Frühlingsschlüsselblume** | **Waldsauerklee** | **Wilde Malve**

| Vorfrühling | | Frühling |

Heilpflanzen im Jahreslauf

Bauerngärten – nützlich und schön

Ein klassischer Bauerngarten ordnet sich in der Tradition der Klostergärten um ein Wegekreuz – oft mit einem runden Mittelbeet – an und ist von einer Hecke umgeben. Für die Bauern des Mittelalters war er in erster Linie nützlich, da er Gewürze und Gemüse für die Küche lieferte. Schon früh pflanzten die Bäuerinnen dort, neben Zierpflanzen, jedoch auch heimische und fremde Heilpflanzen an, die von den Benediktinermönchen über die Alpen gebracht worden waren. Wie diese Gärten wahrscheinlich ausgesehen haben, wissen wir aus Beschreibungen und wenigen erhaltenen Beispielen.

Solche Gärten mit ihrer Mischung aus Nutz-, Heil- und Zierpflanzen haben einen ganz eigenen Charme, daher erleben sie heute in der modernen Gartengestaltung eine neue Blüte.

Jetzt fühlen sich selbst Mittelmeerpflanzen wohl. Sie tragen häufig einen dichten, weißen Haarfilz, der ihnen hilft, Wasserverlust zu vermeiden. Bereits die heilkundigen Mönche des Mittelalters setzten diese Pflanzen auf einen sonnigen Platz auf sandigem Boden, damit sich die heilkräftigen Öle und anderen Stoffe in ihren Blättern gut entwickelten. Die Bauersfrauen, die für die Pflege der Kräutergärten verantwortlich waren, übernahmen später diese Tradition.
Der Sommer ist die beste Zeit, um auf die Suche nach Heilpflanzen zu gehen. Man findet sie nicht nur in der Natur, sondern auch in Parks, Gärten und in vielen Freilichtmuseen mit Bauern- oder Apothekengärtchen.

Die Früchte des Herbstes

Obwohl viele Pflanzen nun verblüht sind, reichen Blätter und Früchte oftmals aus, um eine Art sicher zu bestimmen. <u>Beeren</u> sind fleischige, saftige Früchte, die im Innern Samen tragen. <u>Kapseln</u> öffnen sich und streuen ihre Samen aus. Sie können ganz besonders vielgestaltig geformt sein.
Pflanzen mit Schmetterlingsblüten bilden typische <u>Hülsen</u> aus, die entlang von seitlichen Nähten aufreißen. Auch die <u>Schoten</u> platzen seitlich auf. Sie sind jedoch an einer Scheidewand zu erkennen, an der die Samen anhaften. Die <u>Achäne</u> ist die oft mit Flughaaren versehene Frucht von Korbblütlern wie dem Löwenzahn oder der Kamille.

Echte Kamille
Sommer

Roter Fingerhut

Große Bibernelle
Herbst

Gewöhnlicher Efeu

Heilpflanzen einst und jetzt

Das Echte Johanniskraut gilt auch in der modernen Pflanzenmedizin als wirksame Heilpflanze.

Heilpflanzen einst und jetzt

Wenn wir eine moderne Arztpraxis betreten, können wir uns kaum noch vorstellen, dass die Geschichte der Medizin auch eine Geschichte der Heilpflanzen ist. Seit Anbeginn der Menschheit gab es Versuche, die Kräfte der Natur zur Heilung von Krankheiten zu nutzen.

Philosophenmedizin

Während die Anfänge der Heilpflanzenkunde, bis auf seltene Funde in steinzeitlichen Siedlungen, im Dunkeln liegen, sind aus der Antike viele medizinische Schriften überliefert. Einer der berühmtesten griechischen Ärzte war der Philosoph Hippokrates. Noch heute geloben angehende Ärzte den »Eid des Hippokrates«, durch den sie sich verpflichten, den Menschen zu helfen. Doch obwohl Hippokrates zahlreiche Heilpflanzen kannte und sicher auch nutzte, stehen im Zentrum seiner Schriften die Selbstheilungskräfte des Körpers.

Wie er galt auch Aristoteles den Ärzten des Mittelalters als Autorität. Noch bekannter war der römische Militärarzt Dioskurides, dessen Bücher immer wieder abgeschrieben wurden.

Hexen und heilkundige Mönche

Die eigentliche Pflanzenheilkunde begann jedoch im Mittelalter. Vor allem die Benediktinermönche waren ausgezeich-

Arnika – Wandlung einer Heilpflanze

Bis in jüngste Zeit galt Arnika als die Heilpflanze schlechthin. Wie moderne Untersuchungen gezeigt haben, ist Arnika jedoch keineswegs ein harmloses Allheilmittel, sondern eine gefährliche Giftpflanze. Ähnliche Neubewertungen mussten sich auch andere Heilpflanzen gefallen lassen. Daher sollte man niemals Heilpflanzen selbst ausprobieren, sondern stets einen Arzt oder Apotheker befragen.

Heilpflanzen einst und jetzt

nete Pflanzenkenner und pflanzten viele Heilkräuter in ihren Klöstern an. Aus dem Kloster Sankt Gallen hat sich sogar der genaue Plan eines solchen Gartens aus dem Jahr 820 erhalten.
Noch heute berühmt ist die Äbtissin Hildegard von Bingen. Sie berücksichtigte in ihren Schriften auch das Pflanzenwissen des Volkes, wies auf giftige und heilende Pflanzen hin und gab Anweisungen für Therapien.
Wahrscheinlich waren auch viele der als Hexen verkannten »Weisen Frauen« in Wirklichkeit Kräuterheilerinnen.

Vom Kräuterbuch zum Labor

Nach der Erfindung des Buchdrucks breitete sich das Wissen um heilende Pflanzen immer weiter aus. Damals wirkte auch der berühmte Arzt Paracelsus, der erstmals erkannte, dass die Dosis einer Droge bestimmt, ob sie heilt oder schadet. Er entwickelte überdies die seit der Antike verbreitete Signaturenlehre weiter, nach der man aus Form und Farbe von Pflanzenteilen auf ihre Arzneiwirkung schloss. So galt etwa die Rotfärbung ihres Wurzelstocks als Indiz für die blutstillende Wirkung der Blutwurz.
Während man einst stets die Pflanze als Ganzes verwendet hat, zeichnet sich die moderne Pflanzenmedizin dadurch aus, dass sie die Drogen analysiert und in Form gereinigter Präparate verordnet.

Der Rotklee wird heute kaum noch als Heilmittel verwendet.

Aus Lindenblüten stellt man von jeher schweißtreibenden Tee her.

Die Echte Kamille ist eine sehr alte, wohl bekannte Heilpflanze.

Tollkirschen waren in den Zaubertränken der Hexen enthalten.

Gute Drogen – schlechte Drogen

Heilkräuter werden in den unterschiedlichsten Zubereitungen angewendet.

Gute Drogen – schlechte Drogen

In der Sprache der Apotheker wird als Droge jede Form einer medizinisch wirksamen Substanz bezeichnet, im Falle einer Heilpflanze also z. B. Blätter, Blüten oder Wurzel. In diesem positiven Sinne wird der Begriff auch in diesem Band verwendet. In der Alltagssprache jedoch haftet dem Wort eine ausschließlich negative Bedeutung an. Gibt es also gute und schlechte Drogen? Eine eindeutige Antwort darauf ist gar nicht so leicht.

Giftige Medizin

Ein gutes Beispiel für die Bewertung von Drogen bietet der Schlafmohn. Er enthält hochgiftige Stoffe, aus denen die pharmazeutische Industrie schmerzstillende Mittel wie Morphium herstellt – offenbar eine »gute« Droge in der Hand des Arztes. Andererseits liefert der Schlafmohn auch den Ausgangsstoff für gefährliche Rauschgifte wie Heroin – eine »schlechte« Droge.

Schlafmohn (links) enthält giftige Alkaloide, Gelber Enzian (Mitte) Bitterstoffe und Echter Salbei (rechts) ätherisches Öl.

Gute Drogen – schlechte Drogen

Pflanzen, die auf die Nerven gehen

Zu den stärksten Giften im Pflanzenreich gehören die Alkaloide, die in unterschiedlichen Formen vorkommen. Oft reichen wenige Milligramm, um den Tod herbeizuführen. Sie wirken auf das Nervensystem und werden von der Medizin z. B. als Schmerz- oder starke Beruhigungsmittel eingesetzt.

Süße Gifte

Viele Heilpflanzen enthalten Glykoside. Dabei handelt es sich um Zuckerverbindungen in den unterschiedlichsten Zusammensetzungen. Auch einige von ihnen gehören zu den starken Giften. Die Senföl-Glykoside, die etwa im Schwarzen Senf oder im Meerrettich enthalten sind, können dagegen unbeschadet genossen werden. Saponine sind gefährlich, weil sie die Hülle der roten Blutkörperchen auflösen können. Auch die Flavonoide sind eine Gruppe von Zuckerverbindungen mit medizinischer Wirksamkeit.

Öle, Gerb- und Bitterstoffe

Ätherische Öle sind leicht flüchtige Substanzen, die häufig als Duft wahrnehmbar sind. Man kennt etwa 500 verschiedene Verbindungen dieser Art. Gerbstoffe sind in der Lage, Leder zu gerben. Sie verbinden sich mit den Schleimhäuten und helfen z. B. bei Erkältungs- oder Durchfallerkrankungen. Bitterstoffe regen die Tätigkeit von Verdauungsdrüsen, wie etwa der Galle, an.

Medizinische Drogen

Die moderne Pflanzenmedizin unterscheidet sehr genau, ob eine Heilpflanze nachweislich wirksam ist oder nicht, und verordnet Drogen, die auf dieser Grundlage medizinisch zugelassen sind. Daneben existiert noch immer ein überliefertes Wissen, das sich in der Volksheilkunde niederschlägt. Den Beschreibungen in diesem Band ist stets zu entnehmen, ob die Heilpflanzen nur in der Volksheilkunde oder auch in der Pflanzenmedizin eine Rolle spielen.

Die Heilwirkung des Gelben Fingerhuts beruht auf herzwirksamen Glykosiden.

In den Blättern der Echten Bärentraube finden sich Gerbstoffe und Flavonoide.

Die Weinraute enthält neben anderen Stoffen Rutin, ein Flavonoid.

Gerbstoffe und Flavonoide machen auch die Heidelbeere zur Heilpflanze.

Heilpflanzen bestimmen

Blüte rot, vierblättrig

> **Bestimmungstipp:**
> Die vierzählige Blüte aus nicht verwachsenen Blütenblättern ist ein gutes Merkmal der Besenheide.

Besenheide, Heidekraut
Calluna vulgaris

Merkmale: Die 20–50 cm hohe, immergrüne Besenheide bedeckt meist größere Flächen. Sie wächst als reich verzweigter Strauch mit liegenden oder aufrechten Zweigen. Die jungen Triebe an den Zweigenden sind deutlich vierkantig, die sehr kleinen, schuppenartigen Blätter stehen sich paarweise gegenüber. Sie bilden vier längs verlaufende Reihen und überdecken sich dachziegelartig.

Blüten: Die Besenheide öffnet von Juli bis August ihre dicht stehenden, rosa Blüten. Selten kommen auch weiße Blüten vor. Jede Einzelblüte besteht aus vier Kelch- und vier kürzeren Kronblättern, die alle gleich gestaltet sind.

Früchte: Ab September reifen die nur millimetergroßen, kugeligen, bräunlichen Kapselfrüchte heran.

Vorkommen: Lichte Kiefernwälder, Heiden, Heidemoore und Dünen in ganz Europa; auf nährstoffarmen, sauren und trockenen Böden; häufig.

Bedeutung: Die getrockneten Blätter und Blüten der Besenheide enthalten Gerbstoffe, Glykoside und, neben anderen Wirkstoffen, das Arbutin. Arbutin wirkt desinfizierend, daher verordnet man in der Pflanzenmedizin Besenheidetee gegen Infektionen der Harnwege. In der Volksheilkunde dient Heidekrauttee ebenfalls als harntreibendes Mittel bei Blasen- und Nierenleiden, Rheuma und Gicht. Außerdem soll er den Schlaf fördern.

Aus der weit geöffneten Blüte der Besenheide ragen Staubblätter und Griffel heraus.

Blüte rot, vierblättrig

> **Bestimmungstipp:**
> Die Glockenheide ist an den rundlichen Blüten mit fein bewimperten Kelch- und Hüllblättern zu erkennen.

Glockenheide
Erica tetralix

Merkmale: Die 20–60 cm hohe, immergrüne Glockenheide ist ein reich verzweigter, gedrungener Strauch. Ihre nadelartig schmalen, sehr kurz gestielten Blätter stehen zu jeweils viert in einem Wirtel, bilden aber keine Längsreihen. Der Rand der behaarten Blätter ist nach unten umgerollt und mit steifen, weißen Haaren deutlich bewimpert.

Blüten: Die Blüten erscheinen zwischen Juni und August in dichten Blütenständen an den Enden der Zweige. Sie stehen an kurzen, weiß behaarten Stielen. Die Blütenkrone ist 6–8 mm lang, kugelig bis länglich und endet in vier kleinen, zurückgebogenen Zipfeln. Neben den grünen Kelchblättern sind noch die eng anliegenden Hüllblätter zu erkennen. Die Staubbeutel ragen nicht aus der Blüte hervor.

Früchte: Als Frucht wird eine Kapsel gebildet, die von der Blütenkrone umgeben bleibt.

Vorkommen: Heiden in Gebieten mit milden Wintern und hoher Luftfeuchte; auf nassen, nährstoffarmen und torfigen Böden; örtlich verbreitet, sonst selten.

Bedeutung: Die Glockenheide enthält Flavonoide, Saponine und Gerbstoffe. In der Pflanzenmedizin wird sie zwar nicht verwendet, ist aber ein altes, heute vergessenes Heilmittel. Man trank den Tee bei fiebrigen Erkältungen und gegen Husten. In der Tat hat er eine schleimlösende Wirkung.

Bei der ähnlichen Schneeheide *(Erica carnea)* ragen die Staubbeutel aus der Blüte heraus.

Blüte rot, vierblättrig

> **Bestimmungstipp:**
> Typisch für das Kleinblütige Weidenröschen ist der vierkantige Fruchtknoten, der wie ein Stiel unterhalb der Blüte sitzt.

Kleinblütiges Weidenröschen
Epilobium parviflorum

Merkmale: Das 20–80 cm hohe Kleinblütige Weidenröschen ist eine Staude mit aufrechtem, meist nur im oberen Bereich ein wenig verzweigtem Stängel. Dieser ist rund und im oberen Bereich behaart. Die schmalen, bis 7 cm langen, sehr schwach gezackten Blätter sitzen dem Stängel an oder sind sehr kurz gestielt. Während sie im unteren Bereich gegenständig angeordnet sind, stehen sie weiter oben wechselständig.

Blüten: Die Blüten erscheinen von Juni bis September einzeln in den Achseln der oberen Blätter. Unterhalb der je vier Kron- und Kelchblätter ist der lange, vierkantige Fruchtknoten zu erkennen, der in der Blüte mit vier Narben endet. Die Kronblätter sind an der Spitze herzförmig eingeschnitten.

Früchte: Der Fruchtknoten entwickelt sich zu einer vierkantigen Frucht, die zahlreiche, fein behaarte Flugsamen entlässt.

Vorkommen: Gräben, Ufer, feuchte Waldwege; auf Lehm- oder Tonböden.

Bedeutung: Das Kleinblütige Weidenröschen enthält vor allem Flavonoide und Gerbstoffe. Obwohl man bis heute keinen endgültigen Nachweis für die Wirksamkeit der Droge führen konnte, gilt sie in der Volksheilkunde seit langem als Heilmittel gegen gutartige Prostatavergrößerung und lindert die damit verbundenen Beschwerden.

Das ähnliche Bergweidenröschen *(Epilobium montanum)* hat gezackte Blätter, die an der Basis am breitesten sind und sich gegen die Spitze verschmälern.

Blüte rot, vierblättrig

> **Bestimmungstipp:** Die große Blüte und die rundliche Kapsel machen den Schlafmohn unverwechselbar.

Schlafmohn
Papaver somniferum

Merkmale: Der 30–150 cm hohe Schlafmohn wächst als einjährige Pflanze. Sein nur im oberen Bereich verzweigter Stängel ist unten kahl, oben schwach und rau behaart. Die eiförmigen bis länglichen, graugrünen Blätter sind gestielt. Die oberen Blätter sitzen jedoch ohne Stiel dem Stängel an und umfassen ihn mit dem Blattgrund. Bei Verletzungen tritt aus der Pflanze weißer Milchsaft aus.

Blüten: Die bis 10 cm breiten Blüten erscheinen von Juni bis August. Ihre vier Kronblätter sind zartrosa, violett oder rot, können aber auch weiß ausfallen.

Früchte: Als Frucht wird eine rundliche Kapsel ausgebildet, die die Samen enthält.

Vorkommen: Zu medizinischen Zwecken in Südosteuropa, Kleinasien und Südostasien angebaut; sehr selten auch verwildert.

Bedeutung: Medizinisch wird der Milchsaft der unreifen Kapseln verwendet. Er enthält zahlreiche Alkaloide, darunter die bekannten Drogen Morphin, Codein und Papaverin. Alle Produkte dieser Giftpflanze unterliegen dem Betäubungsmittelgesetz und dürfen nur vom Arzt verordnet werden. Traurige Berühmtheit hat der Schlafmohn als Ausgangsstoff für die Herstellung illegaler Suchtmittel wie Heroin erlangt. Die ebenfalls vom Schlafmohn gewonnenen Mohnsamen für Backprodukte sind jedoch giftfrei.

Aus der Kapsel des Schlafmohns wird durch Anritzen der giftige Milchsaft gewonnen.

Blüte rot, vierblättrig

> **Bestimmungstipp:**
> An der verdickten Wurzel und den unregelmäßig eingeschnittenen Blättern kann man den Rettich sicher erkennen.

Gartenrettich
Raphanus sativus

Merkmale: Der 20–80 cm hohe Gartenrettich ist eine einjährige Pflanze mit einem aufrechten, verzweigten Stängel. Seine unteren Blätter sind so tief eingeschnitten, dass sie fast gefiedert erscheinen. Der unregelmäßig geformte Endabschnitt ist stets deutlich größer als die länglichen Seitenabschnitte. Die Blätter tragen eine borstige, anliegende Behaarung.

Blüten: Die 1–2 cm breiten Blüten werden zwischen Mai und Oktober gebildet. Ihre vier Kronblätter, die stets ein Kreuz bilden, sind rötlich bis violett, manchmal auch fast weiß gefärbt.

Früchte: Als Frucht wird eine bis 9 cm lange, ungegliederte Schote gebildet.

Vorkommen: Nur selten findet man diese Garten- oder Feldpflanze mit vielen Kultursorten verwildert auf humusreichen Böden.

Bedeutung: Der Rettich enthält in seinen verdickten Wurzeln u. a. Senföl-Glykoside, ätherisches Öl und Vitamin C. Er wird in Form von Radieschen oder rot- bzw. weißrindigen Rettichen vorwiegend als Gemüse genutzt. In der Volksheilkunde verwendet man den frischen Presssaft bei Gallenstörungen und Darmträgheit. Mit Zucker oder Honig eingekochter Saft wird gelegentlich auch als altes Hausmittel bei Husten zum Lösen hartnäckigen Schleimes sowie auch als krampflösendes Mittel eingesetzt.

Der als Gemüse angebaute Sommerrettich hat eine weißrindige Wurzel.

Blüte rot, fünfblättrig

> **Bestimmungstipp:**
> Die dicht stehenden Blüten und die spießartigen Blätter mit nach unten gerichteten Zipfeln sind Merkmale des Wiesensauerampfers.

Wiesensauerampfer
Rumex acetosa

Merkmale: Der 30–100 cm hohe Wiesensauerampfer ist eine Staude mit aufrechtem, gelegentlich rot überlaufenem Stängel, der sich nur im oberen Bereich verzweigt. Die unteren länglichen und zugespitzten Blätter sind gestielt und an der Basis zu zwei nach unten gerichteten Zipfeln verlängert. Die oberen Blätter sitzen ohne Stiel direkt dem Stängel an. Alle Blätter schmecken säuerlich.

Blüten: Die winzigen Blüten erscheinen zwischen Mai und Juli in einer Rispe am blattlosen Ende des Stängels. Männliche und weibliche Blüten befinden sich auf verschiedenen Pflanzen.

Früchte: Die nur 4 mm großen Nussfrüchte stehen an roten Stielchen.

Vorkommen: Fette Wiesen, Ufer, Wege und Ödland; auf nährstoffreichen Böden; sehr häufig.

Bedeutung: Obwohl der Wiesensauerampfer gelegentlich als Wildgemüse verzehrt wird, gehört er zu den Giftpflanzen. In seinen Blättern ist sehr viel Oxalsäure enthalten, die dem Körper Kalzium entziehen und in größeren Mengen Durchfall und Erbrechen hervorrufen kann. Wird er sparsam als Gewürz verwendet, besteht diese Gefahr jedoch nicht. Präparate aus den Blättern werden in der Volksheilkunde als Frühjahrskur sowie bei Hautleiden und Entzündungen der Mundschleimhaut verwendet.

Im ausgewachsenen Zustand bietet der blühende Wiesensauerampfer ein eindrucksvolles Bild.

31

Blüte rot, fünfblättrig

Die Stockmalve oder Stockrose *(Alcea rosea)* **ist eine typische Bauerngartenpflanze von geringer medizinischer Bedeutung.**

Eibisch
Althaea officinalis

Merkmale: Der 60–150 cm hohe Eibisch ist eine Staude mit einem filzig behaarten, kaum verzweigten Stängel. Seine gestielten, wechselständigen Blätter sind länglich oval und laufen in eine Spitze aus. Ihr Rand ist gezackt, kann aber auch tiefer eingebuchtet sein.

Blüten: Die hellrosa, manchmal auch weißen Blüten erscheinen zwischen Juli und September in Trauben in den Achseln von Tragblättern. Ihre fünf Kronblätter sind am Rand etwas eingeschnitten und an der Basis innen bärtig behaart. Die Staubblätter sind zu einer Röhre verwachsen.

Früchte: Die Spaltfrüchte zerfallen zur Reifezeit in Einzelfrüchte mit je einem Samen.

Vorkommen: Wiesen, Ufer; auf feuchten Böden, die auch leicht salzig sein können.

Bedeutung: Der Eibisch ist eine sehr alte Heilpflanze, die schon von Karl dem Großen zum Anbau in den Gärten der Kaiserpfalzen empfohlen wurde. Die Pflanze wird noch heute für medizinische Zwecke kultiviert. Eibisch enthält, vor allem in Wurzel und Blättern, Schleimstoffe und in den Blättern zusätzlich ätherisches Öl. Die reizlindernde und entzündungshemmende Droge wird bei Erkrankungen von Hals und Rachen, z. B. als Hustentee, verwendet. Früher stellte man aus den Blättern auch Umschläge und Badezusätze her, die bei Verletzungen der Haut oder Furunkeln Linderung brachten.

> **Bestimmungstipp:**
> An den bis 5 cm breiten, hellrosa Blüten und den filzig behaarten Stängeln und Blättern kann man den Eibisch von der Stockrose unterscheiden.

Blüte rot, fünfblättrig

Wegmalve, Kleine Käsepappel
Malva neglecta

Merkmale: Die 10–40 cm hohe Wegmalve ist eine einjährige Pflanze mit meist niederliegendem Stängel, der nur mit seinem Endabschnitt aufrecht wächst. Der runde, verzweigte Stängel ist kurz und flaumig behaart. Die wechselständigen, rundlichen Blätter sitzen an langen Stielen. Sie sind im oberen Stängelbereich etwas tiefer in mehrere Abschnitte eingeschnitten, jedoch stets gezackt und am Stielansatz herzförmig eingebuchtet.

Blüten: Von Juni bis September erscheinen die rosafarbenen oder fast weißen, bis 2,5 cm breiten Blüten. Außerhalb des verwachsenen Kelches sitzen drei freie Kelchblätter. Ihre fünf Kronblätter verschmälern sich zur Basis hin. Die Staubblätter sind zu einer Röhre verwachsen.

Früchte: Die essbaren Früchte zerfallen in einzelne Teilfrüchte und gleichen etwas einem runden Käselaib.

Vorkommen: Wegränder, ortsnahes Ödland, aber stets auf nährstoffreichen Lehmböden; selten.

Bedeutung: Die Blätter der Wegmalve enthalten reichlich Schleimstoffe und etwas Gerbstoff. Diese Wirkstoffkombination hilft bei Entzündungen des Mund- und Rachenraumes und des Magens: Die Schleimstoffe lindern den Hustenreiz, der Gerbstoff wirkt zusammenziehend und schützt so die empfindlichen Schleimhäute. Angewendet wird die Droge in Form von Gurgelmitteln, gelegentlich auch als Husten- oder Magentee.

> **Bestimmungstipp:** Von anderen, ähnlichen Malven unterscheidet sich die Wegmalve durch den kriechenden Stängel und die rundlichen Blätter.

Die hochwüchsige Wilde Malve *(Malva sylvestris)*, eine Heilpflanze mit ähnlicher Wirkung, hat dunkler gefärbte Blüten.

Blüte rot, fünfblättrig

Tollkirsche
Atropa bella-donna

Bestimmungstipp:
Die dunkle glockenförmige Blüte und die bis 1,5 cm breite, glänzend schwarze Beere machen die Tollkirsche unverwechselbar.

Merkmale: Die 60–120 cm hohe Tollkirsche ist eine Staude mit aufrechtem, stark verzweigtem Stängel. Er ist kurz behaart und trägt wechselständige Blätter. Sie sind etwa eiförmig und enden mit einer Spitze. Auf der helleren Blattunterseite treten deutlich die Blattadern hervor. Im Bereich der Blüten stehen sich jeweils ein kleines und ein großes Blatt gegenüber.

Blüten: Die Blüten erscheinen zwischen Juni und Juli einzeln auf kurzen Stielen in den Blattachseln des mittleren und oberen Stängelbereiches. Die Kronblätter sind glockenförmig miteinander verwachsen und enden in fünf deutlichen Zipfeln. Ihre Farbe variiert von Dunkelrot- bis Braunviolett. Die fünf Kelchblätter breiten sich zur Fruchtzeit aus.

Früchte: Als Frucht wird eine schwarze, glänzende Beere ausgebildet.

Vorkommen: Lichte Stellen in Wäldern; auf nährstoffreichen Böden; häufig.

Bedeutung: Die Tollkirsche ist eine tödlich wirkende Giftpflanze, die auf keinen Fall in die Hand von Laien gehört. Mediziner nutzen jedoch ihre Inhaltsstoffe – verschiedene Alkaloide – zur Krampflösung und Pupillenerweiterung. Im Mittelalter galt die Tollkirsche als wesentliche Zutat zu den Flugsalben der Hexen. Die Wirkstoffe drangen durch die Haut ein und riefen Halluzinationen hervor.

An den zunächst grünen, später schwarzen Beeren kann man noch den Kelch mit fünf Zipfeln erkennen.

Blüte rot, fünfblättrig

Hundsrose, Heckenrose
Rosa canina

Merkmale: Die Hundsrose wächst zu einem 1–3 m hohen, dichten Strauch heran. Ihre überhängenden Äste und Zweige sind mit sichelartig gekrümmten Stacheln besetzt, die mit einer etwa 1 cm langen Basis den Zweigen aufsitzen. Die wechselständigen Blätter sind unpaarig gefiedert, die fünf bis sieben Fiedern etwa oval und am Rand gezackt.

Blüten: Im Juni erscheinen die 4–5 cm breiten, meist zartrosa gefärbten Blüten einzeln oder zu wenigen zusammenstehend an den Zweigenden. Die fünf Kronblätter haben eine schwache Einkerbung an der Spitze, die Kelchblätter sind nach der Blüte zurückgeschlagen oder fallen ab.

Früchte: Als Frucht wird eine rote Hagebutte von länglicher Form ausgebildet.

Vorkommen: Gebüsche, Hecken, Waldränder; auf tiefgründigen Lehmböden.

Bedeutung: Von der Hundsrose werden die Blütenblätter, Hagebuttenschalen und die Samen medizinisch genutzt. Sie enthalten Gerbstoffe, Säuren, Zucker – die frischen Hagebuttenschalen zudem viel Vitamin C. Letztere bereitet man daher als Marmeladen und Säfte zu. Die übrigen Teile gelten als harntreibend bei Blasen- und Nierensteinen sowie als mildes Abführmittel. Vielen Heiltees werden Hagebuttenschalen als Geschmacksverbesserer zugegeben.

> **Bestimmungstipp:**
> Die Hundsrose ist die häufigste der heimischen Strauchrosen. Ihre Griffel in der Blüte stehen alle einzeln.

Von Spätsommer bis Herbst bildet die Hundsrose zahlreiche Hagebutten.

Blüte rot, fünfblättrig

Bestimmungstipp: Außer durch die Wuchsform wird das Echte Seifenkraut durch den mehrblütigen Stängel gekennzeichnet.

Echtes Seifenkraut
Saponaria officinalis

Merkmale: Das 30–70 cm hohe Echte Seifenkraut ist eine Staude mit aufrechtem, meist unverzweigtem Stängel. Die gegenständigen Blätter werden bei einer Länge von über 10 cm nur etwa 4 cm breit und haben einen glatten Rand.

Blüten: Die Blüten öffnen sich von Juli bis September zu mehreren in den Achseln der oberen Blätter. Sie sind meist hellrosa, können aber auch fast weiß erscheinen. In dem langen, verwachsenen Kelch stehen die fünf Kronblätter, die am Eingang zum Schlund jeweils eine zweispitzige Schuppe tragen. Gegen Ende der Blütezeit wirkt der Kelch etwas aufgebläht.

Früchte: Als Frucht wird eine einfächerige Kapsel ausgebildet.

Vorkommen: Flussufer, Wegränder und Ödland; auf lockeren, feuchten Böden.

Bedeutung: Das Echte Seifenkraut enthält in seinen Wurzeln große Mengen an Saponinen. Wenn man die Wurzel zerreibt und in Wasser aufschäumt, wirkt sie wie eine Seife. Wie man aus archäologischen Funden weiß, haben bereits die Römer Seife aus Ziegenfett und Seifenkraut hergestellt. Medizinisch angewandt, wirken die Saponine bei Bronchialkatarrhen schleimlösend und fördern das Aushusten. Außerdem diente die Droge als harntreibendes Hausmittel. In der Homöopathie wird Seifenkraut gegen Depressionen verordnet.

Die ähnliche Rote Lichtnelke (*Silene dioica*) hat dunklere Blüten und dicht behaarte Blätter und Stängel.

Blüte rot, fünfblättrig

> **Bestimmungstipp:**
> Der Blütenaufbau aus Röhre und ausgebreiteten Zipfeln und die schmalen, gegenständigen Blätter sind ein sicheres Kennzeichen des Echten Tausendgüldenkrauts.

Echtes Tausendgüldenkraut
Centaurium erythraea

Merkmale: Das 10–40 cm hohe Echte Tausendgüldenkraut ist eine einjährige Pflanze mit aufrechtem, vierkantigem Stängel, der sich nur im oberen Bereich verzweigt. Die unteren, eiförmigen Blätter stehen in einer Rosette, die gegenständigen Stängelblätter sind schmal eiförmig und die Blätter am obersten Ende schließlich fast nadelartig schmal.

Blüten: Von Juli bis September erscheinen die Blüten in dichten, doldenartigen Blütenständen. Der verwachsene Kelch endet in schmalen Zipfeln. Auch die Kronblätter sind zu einer etwa 1,5 cm langen Röhre verwachsen, breiten sich oben aber flach mit fünf Zipfeln aus.

Früchte: Die Früchte sind etwa 1 cm lange, zylindrische Kapseln.

Vorkommen: Waldlichtungen, Gebüsche, Wegränder und Trockenrasen.

Bedeutung: Das Echte Tausendgüldenkraut ist eine seltene, unter Naturschutz stehende Pflanze und darf daher auf keinen Fall gepflückt werden. Es enthält verschiedene Bitterstoffe und Flavonoide. Aus dem Kraut werden Präparate – auch Bitterschnäpse – gegen Appetitlosigkeit und Verdauungsbeschwerden hergestellt. Die Volksheilkunde kennt die Pflanze auch als Fiebermittel. In den Kräuterbüchern des Mittelalters wird sie zudem als Abführmittel und Medizin gegen Augenkrankheiten empfohlen.

Auch der charakteristische Blütenstand hilft bei der Bestimmung des Echten Tausendgüldenkrauts.

Blüte rot, fünfblättrig

Gewöhnlicher Baldrian
Valeriana officinalis

Bestimmungstipp: Die schmal gefiederten Blätter sowie die rosa Knospen, die fast weiß aufblühen, machen den Baldrian unverwechselbar.

Merkmale: Der 70–150 cm hohe Baldrian ist eine Staude mit aufrechtem, gerilltem Stängel. Aus einer grundständigen Blattrosette erhebt sich der Stängel mit gegenständigen Blättern. Alle Blätter sind mit schmalen, bis 7 cm langen Teilblättchen unpaarig gefiedert. Während die Rosettenblätter bis über 20 seitliche Fiedern besitzen, haben die Stängelblätter nur bis zu neun Fiedern. Außerdem tragen Letztere wenige Zacken und sind auf der Unterseite behaart.

Blüten: Von Juli bis August erscheinen die nur 2–4,5 mm breiten, hellrosa bis weißlichen Blüten in doldenartigen Blütenständen am Ende des Stängels. Die fünf Zipfel der Krone sind ausgebreitet.

Früchte: Als Früchte werden winzige Nüsschen gebildet, die an ihrer Spitze stets noch Reste des Kelches aufweisen.

Vorkommen: Lichte Stellen in Wäldern, nasse Wiesen, Gräben und Ufer; auf feuchten Lehmböden.

Bedeutung: In der Wurzel sind außer ätherischen Ölen und Alkaloiden auch die so genannten Valepotriate enthalten, Wirkstoffe, deren Abbauprodukte für die medizinische Wirkung des Baldrians verantwortlich sind. Baldrian ist seit der Antike als beruhigendes Heilmittel bei Depressionen, nervöser Erregung und gegen Schlaflosigkeit bekannt. Sprichwörtlich ist die anziehende Wirkung von Baldrian auf Katzen.

Die stark zerteilte Baldrianwurzel wird zu Tropfen und Tees verarbeitet.

Blüte rot, fünfblättrig

> **Bestimmungstipp:**
> Die kriechende Wuchsform und die Blätter mit den Blattscheiden sind kennzeichnende Merkmale des Vogelknöterichs.

Vogelknöterich
Polygonum aviculare

Merkmale: Der 10–50 cm hohe Vogelknöterich ist eine einjährige Pflanze, die mit langem Stängel über den Boden kriecht. Die Triebe sind reich verzweigt und richten sich nur in jungem Zustand sowie in den Seitenästen deutlich auf. Die wechselständigen, ovalen Blätter sind sehr kurz gestielt oder sitzen direkt dem Stängel an und umgeben ihn mit einer kurzen Scheide.

Blüten: Die Blüten werden zwischen Juni und Oktober gebildet. Sie stehen einzeln in den Achseln der Blätter, sind nur wenige Millimeter breit, grünlich rosa, selten auch weiß gefärbt.

Früchte: Die dreikantigen Nussfrüchte sind sehr unscheinbar.

Vorkommen: Wegränder, Wege, Gärten und Äcker; da er Tritt verträgt, kann der Vogelknöterich sogar in Ritzen viel begangener Wege gedeihen; häufig.

Bedeutung: Der Vogelknöterich, dessen Samen gern von Vögeln gefressen werden, enthält in seinen grünen Teilen Schleimstoffe, Gerbstoffe, Flavonoide und Kieselsäure. In der Pflanzenmedizin verwendet man die Droge in Form von Präparaten gegen Husten, gelegentlich sogar bei Lungentuberkulose. Die Volksheilkunde kennt das Kraut eher als harntreibendes und blutstillendes Mittel, das bei äußeren und inneren Wunden sowie gegen Durchfall verordnet wird. Außerdem ist es gelegentlich in Blutreinigungstees enthalten.

Der aufrecht wachsende Schlangenknöterich *(Polygonum bistorta)* wird nur gelegentlich in der Volksheilkunde verwendet.

Blüte rot, fünfblättrig

> **Bestimmungstipp:**
> Die kugeligen Blüten und die Beeren mit blauem Fruchtfleisch und Saft machen die Heidelbeere unverwechselbar.

Heidelbeere, Blaubeere, Bickbeere
Vaccinium myrtillus

Merkmale: Die 10–50 cm hohe Heidelbeere ist ein niedriger, stark verzweigter, dicht wachsender Strauch. Ihre jungen, grün gefärbten Triebe tragen längs verlaufende, flügelartige Kanten. Die wechselständigen, ovalen Blätter sind fein und regelmäßig gezackt und sitzen auf einem kurzen Stiel. Auf der helleren Blattunterseite sind die Blattadern gut sichtbar.

Blüten: Von Mai bis Juni erscheinen die Blüten einzeln in den Achseln der oberen Blätter. Die roten, oft auch grünlichen Kronblätter sind zu einer kugeligen Blüte verwachsen, die vorn nur eine schmale Öffnung mit fünf, selten vier Zipfeln aufweist.

Früchte: Als Frucht wird eine kugelige, dunkelblaue Beere gebildet, die oft bereift erscheint.

Vorkommen: Wälder, moorige Heiden; stets auf sauren, humushaltigen oder Torfböden; häufig.

Bedeutung: Die Heilkraft der Heidelbeere wurde erstmals im späten Mittelalter erkannt. Hildegard von Bingen, die viele Volksheilmittel kannte, riet dagegen noch von ihrem Genuss ab. In den Früchten sind u. a. Gerbstoffe, Flavonoide, Fruchtsäuren und Vitamine enthalten, in den Blättern Gerbstoffe und Flavonoide. Medizinische Präparate machen sich die blutzuckersenkenden Eigenschaften der Heilpflanze zunutze; in der Volksheilkunde werden getrocknete und in Wasser aufgeweichte Heidelbeeren vor allem gegen Durchfall eingenommen.

Frisch sind Heidelbeeren ein vitaminreiches Wildobst, getrocknet helfen sie gegen Durchfall.

Blüte rot, mehrblättrig

Die Kleine Bibernelle *(Pimpinella saxifraga)* hat ähnliche Blätter, ist aber im Sommer zur Blütezeit an den Blütendolden leicht zu erkennen.

Großer Wiesenknopf
Sanguisorba officinalis

Merkmale: Der 30–150 cm hohe Große Wiesenknopf ist eine Staude mit aufrechtem Stängel, der sich nur im oberen Bereich wenig verzweigt. Die Grundblätter stehen in einer Rosette, die Stängelblätter sind wechselständig. Während die unpaarig gefiederten Grundblätter bis zu 15 Fiederpaare besitzen, haben die Stängelblätter deutlich weniger Fiedern. Die Teilblättchen sind oval und am Rand gezackt.

Blüten: Von Juni bis August erscheinen zahlreiche winzige Blüten dicht an dicht in kugeligen bis eiförmigen, bis 3 cm langen Köpfchen an den Stängelenden. Die dunkelroten Einzelblüten bestehen lediglich aus Kelchblättern.

Früchte: Als Früchte werden ebenfalls winzige, kantige Nüsschen gebildet.

Vorkommen: Nasse Wiesen, Moore, Gräben und Ufer; auf Böden mit wechselnder Feuchte; gebietsweise selten, aber meist häufig.

Bedeutung: Der Große Wiesenknopf ist ein gutes Beispiel für die spätmittelalterliche Signaturenlehre: Aus der roten Blütenfarbe leitete man ab, dass die Pflanze gegen Blutungen helfen müsse. In der Tat enthält sie neben Flavonoiden und Saponin auch Gerbstoffe, die Wundränder zusammenziehen können. In der Homöopathie wird der Große Wiesenknopf noch heute gegen Stauungen im Venensystem verordnet.

> **Bestimmungstipp:**
> Die großen, purpurnen Blütenköpfchen mit Einzelblüten, die nur aus Kelchblättern bestehen, machen den Großen Wiesenknopf unverwechselbar.

Blüte rot, mehrblättrig

Die auffallende weiße Verfärbung der Blätter entlang der Adern ist ein sicheres Kennzeichen der Mariendistel.

Mariendistel
Silybum marianum

Merkmale: Die 50–150 cm große Mariendistel ist eine einjährige Pflanze mit distelartigem Aussehen. Ihr Stängel ist im oberen Bereich etwas verzweigt, die Zweige stehen schräg aufwärts gerichtet. Neben einer Rosette grundständiger Blätter besitzt die Mariendistel wechselständige Stängelblätter. Während die unteren tief gezackt sind, können die Ränder der oberen fast glatt sein. Alle Blätter sind jedoch am Rand mit kräftigen Stacheln besetzt.

Blüten: Von Juni bis September werden die Blütenkörbchen einzeln an den Enden der Zweige gebildet. Jedes Körbchen besteht aus zahlreichen röhrenförmigen Einzelblüten und ist von Hüllblättern umgeben, die in einen langen, auffälligen Fortsatz auslaufen.

Früchte: Die Früchte sind etwa 7 mm lang und mit glänzenden, weißen Flughaaren versehen.

Vorkommen: Aus dem Mittelmeergebiet als Heilpflanze eingeführt und gelegentlich auf Ödland verwildert.

Bedeutung: In den Früchten der Mariendistel ist ein Gemisch von Wirkstoffen enthalten, das Silymarin. Es wirkt nachweislich gegen Schädigungen der Leber, wie Entzündungen, Vergiftungen und Fettleber. Daher ist Silymarin in zahlreichen Medikamenten enthalten, die einer Leberschädigung vorbeugen. In der Volksheilkunde wird die Droge als krampflösend und die Galle anregend eingeschätzt.

Bestimmungstipp:
Die weiß geäderten Blätter in Verbindung mit den stacheligen Hüllblättern sind ein sicheres Merkmal der Mariendistel.

Blüte rot, mehrblättrig

Bestimmungstipp: Die großen Blätter und die bis 4,5 cm breiten Blütenköpfchen mit den hakigen Hüllblättern sind ein sicheres Merkmal der Großen Klette.

Große Klette
Arctium lappa

Merkmale: Die 60–180 cm hohe Große Klette ist eine einjährige Pflanze mit kräftigem, aufrechtem Stängel. Er ist längs gerillt und oft rötlich überlaufen. Die gestielten Blätter gliedern sich in Grundblätter, die bis 50 cm lang werden können, und deutlich kleinere, wechselständige Stängelblätter. Während die unteren eine ausgeprägt herzförmige Gestalt haben, ist bei den oberen nur der Blattansatz herzförmig.

Blüten: Von Juli bis August erscheinen die purpurroten Blüten in zahlreichen kugeligen Körbchen. Die Einzelblüten sind röhrenförmig. Besonders auffällig sind die Hüllblätter, die in einem langen, hakenförmig gekrümmten Stachel enden.

Früchte: Die etwa 7 mm langen Früchte tragen einen gelblichen Haarkranz.

Vorkommen: Ödland und Wegränder, Flussschotter und Bahndämme; auf lehmigen Böden.

Bedeutung: Von medizinischer Bedeutung ist nur die Wurzel der Großen Klette. Sie enthält Schleim- und Bitterstoffe, ätherisches Öl und verschiedene Substanzen, die das Wachstum von Pilzen und Bakterien hemmen. Man verwendet sie in harn- und schweißtreibenden Präparaten und zur Förderung der Gallensekretion. Aus dem Öl werden Rheumamittel und Badeöle gegen Schuppen hergestellt. Im Mittelalter galt sie als Haarwuchsmittel.

Im Blütenstand der Großen Klette sind oft alle Entwicklungsstufen, von unreif bis verblüht, zu sehen.

Blüte rot, mehrblättrig

> **Bestimmungstipp:**
> Der große Blütenstand und die schmalen Blätter machen den Schmalblättrigen Sonnenhut unverwechselbar.

Schmalblättriger Sonnenhut
Echinacea angustifolia

Merkmale: Der 60–100 cm hohe Schmalblättrige Sonnenhut ist eine Staude mit geradem, aufrechtem Stängel, der im oberen Drittel auch verzweigt sein kann. Die ganze Pflanze ist behaart. Ihre schmalen Blätter sitzen ohne Stiel dem Stängel an, nur die unteren Blätter sind kurz gestielt.

Blüten: Die Blüten erscheinen zwischen Mai und Oktober in einzelnen Körbchen von bis zu 7 cm Breite. Die in der Mitte stehenden rötlich braunen Röhrenblüten bilden zusammen mit Schuppenblättern einen halbkugelig aufgewölbten Blütenstand. Die breiten rosafarbenen Zungenblüten des Randes stehen waagerecht oder hängen etwas herab.

Früchte: Die vierkantigen Früchte sind mit einem krönchenförmigen Haarkranz besetzt.

Vorkommen: Der Sonnenhut stammt aus Nordamerika und wird in Mitteleuropa zu medizinischen Zwecken angepflanzt; auch als Gartenzierpflanze.

Bedeutung: Der Schmalblättrige und der verwandte Purpursonnenhut *(Echinacea purpurea)* waren bereits den Indianern Nordamerikas als Heilpflanzen bekannt. Die Medizinmänner setzten ihn zur Wundheilung und bei fiebrigen Erkrankungen ein. Heute verwendet man in der Pflanzenmedizin vor allem den Inhaltsstoff Echinacin. Er steigert – in Form von Salben und Tropfen – die körpereigene Abwehr gegen Infektionen.

Der Purpursonnenhut *(Echinacea purpurea)* hat ähnliche Blüten, aber breitere Blätter.

Blüte rot, spiegelsymmetrisch

Die Echte Pfefferminze *(Mentha x piperita)* hat ähnliche Blütenstände mit allerdings blasslila gefärbten Blüten.

Rossminze
Mentha longifolia

Merkmale: Die 30–70 cm hohe Rossminze ist eine Staude mit aufrechtem, wenig verzweigtem Stängel, der stets vierkantig und, vor allem im Blütenbereich, kurz behaart ist. Die länglich-ovalen Blätter stehen gegenständig am Stängel, wobei die Stiele aufeinander folgender Blattpaare ein regelmäßiges Kreuz bilden. Die Blattränder sind spitz gezackt. Zerriebene Blätter duften nach Minze.

Blüten: Zwischen Juli und September werden die Blüten gebildet. Sie stehen in sehr dichten, ährenartigen, walzenförmigen Blütenständen an den Enden der Zweige. Jede Einzelblüte ist als Lippenblüte mit kleiner Ober- und größerer Unterlippe ausgeformt. Der behaarte Kelch endet mit fünf schmalen Zipfeln.

Früchte: Im Innern des Kelches kann man die viergeteilten Früchte erkennen.

Vorkommen: Nasse Wiesen und Waldränder, Gräben und Ufer; auf nährstoffreichen Böden.

Bedeutung: Die Rossminze enthält vor allem ätherische Öle, die von speziellen Drüsen in den Blättern abgesondert werden. Als Droge spielt sie hauptsächlich in der Volksheilkunde eine wichtige Rolle als desinfizierendes Heilmittel gegen Magen- und Gallenbeschwerden. Medizinisch ist sie von geringerer Bedeutung als die gezüchtete Echte Pfefferminze *(Mentha x piperita)*, deren Öl kühlend wirkt und vielfältig genutzt wird.

Bestimmungstipp: Die Rossminze kann nur durch die Kombination der genannten Merkmale bestimmt werden – kennzeichnend sind vor allem ihre ährenartigen Blütenstände.

Blüte rot, spiegelsymmetrisch

Der Sandthymian *(Thymus serpyllum)* **hat lockerer aufgebaute Blütenstände.**

Feldthymian, Quendel
Thymus pulegioides

Merkmale: Der 5–20 cm hohe Feldthymian ist eine Staude, deren älteste Zweige jedoch verholzen können. Der vor allem im Bereich der Blüten deutlich vierkantige Stängel trägt auf den Kanten eine dichte Behaarung. Die gegenständigen, gestielten Blätter sind oval geformt und haben einen glatten Rand. Die ganze Pflanze duftet aromatisch.

Blüten: Die Blüten werden zwischen Juni und September in dichten, länglichen Blütenständen an den Enden der Triebe gebildet. Die einzelnen rosaroten Lippenblüten haben eine Oberlippe mit drei kurzen und eine Unterlippe mit zwei längeren Zipfeln.

Früchte: Die unscheinbaren Früchte sind in vier Teilfrüchte untergliedert.

Vorkommen: Wiesen und felsige Standorte; auf sandigen, nährstoffarmen Lehmböden.

Bedeutung: In den grünen Teilen des Feldthymians sind Bitterstoffe, ätherisches Öl, Gerbstoffe und Flavonoide enthalten. Er wird fast ausschließlich in der Volksheilkunde gegen Magen- und Darmstörungen verwendet. Der antike Autor Plinius erwähnt das Kraut als Mittel gegen Bisse giftiger Schlangen und Skorpione. Solche magischen Anwendungen sind auch aus dem Mittelalter bekannt. So aßen Getreideschnitter den Feldthymian, um vor Schlangenbissen verschont zu bleiben, und man glaubte, sich damit vor Dämonen zu schützen.

Bestimmungstipp:
Die verholzten älteren Triebe, der dichte Blütenstand und die an den Kanten behaarten Stängel sind typische Kennzeichen des Feldthymians.

Blüte rot, spiegelsymmetrisch

Bestimmungstipp: Die in mehreren Etagen stehenden Blütenstände und die rundum behaarten Triebe unterscheiden den Garten- vom Feldthymian.

Gartenthymian
Thymus vulgaris

Merkmale: Der 10–35 cm hohe Gartenthymian ist ein Halbstrauch, dessen untere Zweige deutlich verholzt sind. Die Triebe wachsen niederliegend und richten sich an den Enden auf. Der deutlich vierkantige Stängel ist rundum behaart. Seine gegenständigen, kurz gestielten Blätter sind schmal und am Rand nach unten eingerollt. Auf der Blattunterseite wächst ein dichter Haarfilz. Die ganze Pflanze duftet sehr aromatisch.

Blüten: Die hellrosa gefärbten Blüten erscheinen zwischen Juni und Oktober in dichten, zylindrischen Blütenständen an den Zweigenden. Häufig findet man unterhalb dieses Blütenstandes noch zwei bis mehrere Blütenquirle in den Blattachseln. Auch der Kelch ist in Ober- und Unterlippe gegliedert.

Früchte: Die unscheinbaren Früchte sind in vier Teilfrüchte untergliedert.

Vorkommen: Trockenrasen und Macchien des Mittelmeergebietes; in Mitteleuropa als Heil- und Gewürzpflanze angebaut.

Bedeutung: In den grünen Teilen des Gartenthymians sind Gerbstoffe, Bitterstoffe, Flavonoide und ätherisches Öl enthalten. Neben der bekannten Verwendung als Gewürz ist der Gartenthymian eine echte Heilpflanze. Er löst den Schleim und lindert die Krämpfe bei Husten und Keuchhusten. Die keimtötenden Öle finden Verwendung in Mundwässern und Salben.

Die Einzelblüte des Gartenthymians in Form einer Lippenblüte hat eine Oberlippe mit drei kurzen und eine Unterlippe mit zwei längeren Zähnen.

Blüte rot, spiegelsymmetrisch

Die Blätter des Echten Majorans enthalten Ölbehälter, die oft mit bloßem Auge als helle Flecken zu erkennen sind.

Echter Majoran
Origanum majorana, Majorana hortensis

Merkmale: Der 20–60 cm hohe Echte Majoran ist ein einjähriges Kraut mit niederliegendem bis aufsteigendem Stängel. Seine gegenständigen, gestielten Blätter sind oval bis eiförmig und auf beiden Seiten kurz behaart. Die Blattränder sind glatt oder tragen wenige stumpfe Zacken. Zerriebene Blätter und junge Stängel duften aromatisch.

Blüten: Die rosafarbenen bis weißen Blüten erscheinen zwischen Juli und September an den Enden der Triebe und Verzweigungen. Jeweils eine bis drei Einzelblüten stehen in der Achsel eines rundlichen Hochblattes und fügen sich zu einem dichten, vielblütigen Köpfchen zusammen. Jede Einzelblüte ist als Lippenblüte ausgeformt.

Früchte: Die unscheinbaren Früchte sind in vier Teilfrüchte untergliedert.

Vorkommen: Der Majoran stammt aus dem Mittelmeergebiet und wird in Mitteleuropa als Heil- und Gewürzpflanze angebaut; selten verwildert.

Bedeutung: Die grünen Teile des Echten Majorans enthalten ätherisches Öl, Bitter- und Gerbstoffe. Als Gewürz regt er den Appetit und die Sekretion von Magensaft an und hilft bei Verdauungsbeschwerden. Medizinisch verwendet man den Majoran als krampflösendes Mittel sowie bei Husten und Asthma. Außerdem ist er in einigen Erkältungs- und Rheumabädern enthalten.

> **Bestimmungstipp:**
> Die kleinen Blüten, die zwischen den grünen Tragblättern herausschauen, sind ein Kennzeichen für den Echten Majoran.

Blüte rot, spiegelsymmetrisch

Bestimmungstipp: Zerriebene Blätter des Wilden Dostes riechen nach Oregano.

Wilder Dost, Wilder Majoran, Oregano
Origanum vulgare

Merkmale: Der 20–40 cm, zuweilen sogar bis zu 90 cm hohe Wilde Dost ist eine Staude. Der aufrechte, im oberen Bereich verzweigte Stängel ist vierkantig und rundum oder auf zwei Seiten stärker behaart. Daran sitzen gegenständige, kurz gestielte, ovale Blätter, die spitz zulaufen. Ihre Ränder sind glatt oder wenig gezackt, und auf ihrer Unterseite treten die Adern deutlich hervor.

Blüten: Die Blüten erscheinen zwischen Juli und September in doldenartigen Blütenständen an den Enden der Triebe. Die rosafarbenen Einzelblüten stehen in den Achseln roter Tragblätter. Auf den ersten Blick wirken sie fünfblättrig, doch bei genauem Hinsehen erkennt man die Lippenblüten mit gerader Ober- und dreilappiger Unterlippe.

Früchte: Die unscheinbaren Früchte sind in vier Teilfrüchte untergliedert.

Vorkommen: Lichte Gebüsche, Wälder, Wegränder und trockene Wiesen; auf lockeren, steinigen Böden.

Bedeutung: Im Unterschied zu vielen anderen Gewürzkräutern ist der Wilde Dost in Mitteleuropa heimisch. Neben anderen Substanzen enthält er vor allem verschiedene ätherische Öle. In der Volksheilkunde gilt er als Heilmittel gegen Verdauungsstörungen und wird außerdem bei krampfartigem Husten und Keuchhusten, aber auch gegen Unterleibsschmerzen verwendet. Wie der Echte Majoran wird er als Gewürz benutzt.

Gelegentlich wird auch der Wilde Dost als Gewürzkraut im Garten angepflanzt.

Blüte rot, spiegelsymmetrisch

> **Bestimmungstipp:** Typisch für das Winterbohnenkraut sind die deutlich zugespitzten Blätter.

Winterbohnenkraut, Bergbohnenkraut
Satureja montana

Merkmale: Das 30–40 cm hohe Winterbohnenkraut ist eine fast kahle, bis zur Mitte verholzte Staude. Seine vierkantigen Triebe liegen dem Boden an und richten sich an den Enden auf. Die schmalen, bis 2 cm langen Blätter sitzen dem Stängel gegenständig an. Sie enden in einer deutlichen Spitze und sind auf beiden Seiten kurz behaart. Die Pflanze duftet beim Zerreiben aromatisch bis streng.

Blüten: Die Blüten erscheinen von August bis Oktober in den Achseln der oberen Blätter. Ihre Farbe variiert zwischen Hellrot, Hellviolett und fast reinem Weiß. Die Lippenblüten, die in einem breiten Kelch sitzen, sind 7–10 mm lang mit einer sehr kurzen Ober- und einer dreilappigen Unterlippe.

Früchte: Die unscheinbaren Früchte sind in vier Teilfrüchte untergliedert.

Vorkommen: Das Winterbohnenkraut kommt aus dem Mittelmeergebiet und wird in Mitteleuropa fast ausschließlich in Gärten gezogen; selten verwildert.

Bedeutung: In den grünen Teilen der Pflanze sind ätherische Öle und Gerbstoffe enthalten. Im Unterschied zum kurzlebigen Sommerbohnenkraut wird das herbere ausdauernde Winterbohnenkraut fast ausschließlich – frisch oder getrocknet – als appetitanregendes Gewürz verwendet. Wegen ihrer Winterhärte ist die Art für das Kräuterbeet oder die Kübelpflanzung gut geeignet.

Der ähnliche Schmalblättrige Hohlzahn *(Galeopsis angustifolium)* hat etwas breitere, gezackte Blätter und Blüten mit größerer Oberlippe.

Blüte rot, spiegelsymmetrisch

Erst bei genauerer Betrachtung des Blütenstandes zeigt sich der Aufbau der Lippenblüten des Sommerbohnenkrauts.

Sommerbohnenkraut, Echtes Bohnenkraut
Satureja hortensis

Merkmale: Das 10–25 cm hohe Sommerbohnenkraut ist eine einjährige Pflanze mit aufrechtem, verzweigtem Stängel, der höchstens im unteren Teil leicht verholzen kann. Seine gegenständigen, kurz gestielten Blätter mit glattem Rand sind schmal, enden aber nicht in einer Spitze. Sie sind beidseitig dünn behaart. Die ganze Pflanze duftet aromatisch.

Blüten: Die Blüten werden zwischen Juli und September gebildet. Sie stehen zu wenigen in den Achseln der oberen Blätter. In dem breiten Kelch sitzen 5–6 mm lange Lippenblüten mit sehr kurzer Oberlippe und dreilappiger Unterlippe. Die Blütenfarbe variiert zwischen Hellrosa und einem bläulichen Lila.

Früchte: Die unscheinbaren Früchte sind in vier Teilfrüchte untergliedert.

Vorkommen: Das Sommerbohnenkraut stammt aus dem Mittelmeergebiet und wird in Mitteleuropa als Gartenpflanze gezogen; gelegentlich verwildert.

Bedeutung: Wie das Winter- ist auch das Sommerbohnenkraut ein aromatisches Gewürz, das man vor allem für Bohnengerichte verwendet. Es enthält ätherisches Öl und Gerbstoffe. In der Volksheilkunde schreibt man dem Kraut antiseptische Wirkung zu und verordnet es bei Durchfall, Magen- und Darmentzündungen – oder als Aphrodisiakum. Als Tee zubereitet soll es auch gegen Husten helfen.

Bestimmungstipp: Anders als beim Winterbohnenkraut enden die Blätter des Sommerbohnenkrauts nicht in einer Spitze.

Blüte rot, spiegelsymmetrisch

> **Bestimmungstipp:**
> Die runzeligen, lang gestielten Stängelblätter in Verbindung mit dem ährenartigen Blütenstand kennzeichnen den Heilziest.

Der dichte Blütenstand mit den intensiv roten Einzelblüten ist ein kennzeichnendes Merkmal des Heilziestes.

Heilziest
Betonica officinalis

Merkmale: Der 20–70 cm hohe Heilziest ist eine Staude mit aufrechtem, vierkantigem Stängel, der dünn mit Haaren besetzt ist. Neben den gegenständigen, gestielten, etwas runzeligen Stängelblättern bildet der Heilziest auch etwas größere, lang gestielte Grundblätter in einer Rosette aus. Nur die Blätter unterhalb des Blütenstandes sitzen ungestielt dem Stängel an. Alle haben jedoch einen Rand mit stumpfen Zacken.

Blüten: Die Blüten erscheinen von Juni bis August in einem langen, ährenartigen Blütenstand am Ende des Stängels. Unterhalb dieser Ähre stehen manchmal wenige Blüten in einem tiefer gelegenen Quirl. Die einzelnen Lippenblüten haben eine flache Oberlippe und eine dreiteilige Unterlippe. Der behaarte Kelch endet mit fünf schmalen Zähnen.

Früchte: Die unscheinbaren Früchte sind in vier Teilfrüchte untergliedert.

Vorkommen: Heiden, Moore, lichte Wälder und Bergwiesen; auf etwas feuchten, sauren Böden.

Bedeutung: Der Heilziest ist eine sehr alte Heilpflanze, die heute allerdings nur noch selten in der Volksheilkunde und der Homöopathie verwendet wird. Neben anderen Wirkstoffen enthält er Gerb- und Bitterstoffe. Er diente, äußerlich angewandt, als Wundheilmittel und in Form von Tee als Medikament gegen Durchfall, Katarrhe der Atemwege und Asthma.

Blüte rot, spiegelsymmetrisch

Von oben betrachtet wird die gegenständige Blattstellung beim Basilikum besonders deutlich.

Basilikum
Ocimum basilicum

Merkmale: Das 30–50 cm hohe Basilikum ist eine einjährige Pflanze mit vierkantigem Stängel, der sich tief unten verzweigt. Seine gegenständigen, gestielten Blätter sind länglich oval und glänzend. Sie laufen spitz zu und haben einen glatten Rand, seltener ist er auch schwach gezackt.

Blüten: Die meist rötlich überlaufenen, manchmal auch fast rein weißen Blüten erscheinen zwischen Juni und September in mehreren Quirlen, jeweils in den Achseln der oberen Blätter. Die einzelnen Lippenblüten bestehen aus einer breiten, vierlappigen Ober- und einer ungeteilten Unterlippe.

Früchte: Die unscheinbaren Früchte sind in vier Teilfrüchte untergliedert.

Vorkommen: Das Basilikum stammt aus Vorderindien und wird in Mitteleuropa als Gewürz- und Heilpflanze angebaut. Es verträgt keinen Frost und konnte daher nicht verwildern.

Bedeutung: Basilikum gehört zu den bekanntesten und beliebtesten Gewürzkräutern und wird in der Küche vielfältig verwendet. Darüber hinaus hat es, dank seiner Inhaltsstoffe (ätherisches Öl, Gerbstoffe, Saponin) auch medizinische Bedeutung. Es regt die Verdauung an, fördert den Appetit und hilft gegen Magen- und Darmstörungen – auch in der Homöopathie. Gelegentlich wird Basilikum als Umschlag auf eitrige Wunden gelegt.

> **Bestimmungstipp:** Die länglich ovalen, zugespitzten und glänzenden Blätter sind ein unverkennbares Merkmal für das Basilikum.

Blüte rot, spiegelsymmetrisch

Bestimmungstipp:
Die an Weidenkätzchen erinnernden Blütenstände sind ein sicheres Merkmal des Hasenklees.

Alle Blütenkelche des Hasenklees tragen lange, grauweiße Haare.

Hasenklee
Trifolium arvense

Merkmale: Der 5–30 cm hohe Hasenklee ist eine ein- bis zweijährige Pflanze mit niederliegendem bis aufrechtem, dicht behaartem und verzweigtem Stängel, der häufig rot überlaufen ist. Die wechselständigen Blätter sind in drei schmale, beiderseits seidig behaarte Fiedern geteilt. Am Grund des Blattstieles sitzen zwei schmale, miteinander verwachsene, ebenfalls behaarte Nebenblätter.

Blüten: Die Blüten erscheinen zwischen Juni und September in eiförmigen bis länglichen Köpfchen an den Enden der Triebe. Da die Kelche der nur 3–4 mm langen Schmetterlingsblüten lange, weiße Haare tragen, sieht das ganze Köpfchen wollig aus. Der Blütenstand verändert seine Farbe beim Aufblühen zunehmend von Weiß nach Rosa.

Früchte: Als Frucht wird eine Hülse ausgebildet.

Vorkommen: Wegränder, Rasen, Ödland und Äcker; auf lockeren, trockenen Böden.

Bedeutung: Der Hasenklee wird von manchen Landwirten nicht gern gesehen, denn angeblich eignet er sich nur als Hasenfutter und wird von Kühen verschmäht. Seit dem Mittelalter wurden die Inhaltsstoffe der Pflanze – u. a. Gerbstoffe, ätherisches Öl – bereits für Heilzwecke genutzt. Die Droge soll bei Durchfallerkrankungen Linderung bringen und war bis in jüngste Zeit in der Volksheilkunde in Gebrauch.

Blüte rot, spiegelsymmetrisch

> **Bestimmungstipp:**
> Die kugeligen Blütenköpfchen und die helle Zeichnung auf den Blättern sind Kennzeichen des Rotklees.

Rotklee, Wiesenklee
Trifolium pratense

Merkmale: Der Rotklee ist eine 10–30 cm hohe Staude mit niederliegenden, am Ende jedoch aufsteigenden Stängeln. An den schwach behaarten Stängeln sitzen die wechselständigen, gestielten Blätter. Sie sind in drei ovale Fiederblättchen mit einer kurzen Spitze untergliedert. Auf der Blattfläche fällt deutlich eine helle Zeichnung auf. Am Ansatz des Blattstieles sitzen zwei eiförmige Nebenblätter.

Blüten: Die rosaroten Blüten werden zwischen Mai und September zahlreich in kugeligen Blütenständen am Ende des Stängels gebildet. Die einzelne Schmetterlingsblüte wird bis 1,5 cm lang und sitzt in einem behaarten Kelch, der in dünne, lang behaarte Zipfel ausläuft.

Früchte: Die kleine Hülsenfrucht bleibt von dem trockenhäutigen Kelch umschlossen.

Vorkommen: Wiesen und Wegränder; auf nährstoffreichen Lehmböden; sehr häufig.

Bedeutung: Heute ziert der Rotklee die Mähwiesen vieler Bauernhöfe und wird fast ausschließlich als Futterpflanze für das Vieh verwendet. Er enthält jedoch Gerbstoffe, ätherisches Öl und andere Wirkstoffe, die ihn in früheren Zeiten zu einer beliebten Heilpflanze in der Volksheilkunde gemacht haben. Seine Blüten wurden vorwiegend als Tee zubereitet und gegen Husten getrunken. Heute ist seine Bedeutung für Heilzwecke nur noch gering.

Der ähnliche Mittlere Klee *(Trifolium medium)* hat schmalere Blätter und einen zickzackförmig wachsenden Stängel.

Blüte rot, spiegelsymmetrisch

> **Bestimmungstipp:**
> Seine großen Blüten in einer langen Traube machen den giftigen Roten Fingerhut unverkennbar.

Roter Fingerhut
Digitalis purpurea

Merkmale: Der 50–150 cm hohe Rote Fingerhut ist eine zwei- bis mehrjährige Pflanze mit aufrechtem, unverzweigtem Stängel, der kurz und dicht behaart ist. Die unterseits graufilzig behaarten Blätter gliedern sich in eine grundständige Rosette und wechselständige, ovale Stängelblätter. Während die mittleren Blätter sich in einen kurzen Stiel verschmälern, sitzen die oberen direkt dem Stängel an. Ihr Rand ist gezackt.

Blüten: Die bis 5 cm langen purpur- bis blassrosa, selten weiß gefärbten Blüten erscheinen von Juni bis August. Sie stehen in einer langen Traube am Stängelende und weisen alle in dieselbe Richtung. Die Kronblätter sind zu einer Röhre verwachsen, die vorn mit einer zweilappigen Ober- und einer dreilappigen Unterlippe endet.

Früchte: Die schwarze Kapselfrucht reift innerhalb der Blüte heran.

Vorkommen: Waldlichtungen und -wege; auf lockeren, etwas feuchten Lehmböden.

Bedeutung: Der Rote Fingerhut ist eine Giftpflanze, die zahlreiche herzwirksame Glykoside enthält. Früher behandelten Ärzte altersbedingte Herzschwächen direkt mit dieser Pflanzendroge, heute stellt die pharmazeutische Industrie nur noch ganz bestimmte, isolierte Glykoside her, die sich besser dosieren lassen. In der Homöopathie wird die Pflanze jedoch noch vielfältig verwendet.

Die dunklen Zeichnungen in der Blüte des Roten Fingerhuts locken Hummeln zur Bestäubung an.

Blüte rot, spiegelsymmetrisch

> **Bestimmungstipp:**
> Die Blüten des Gewöhnlichen Erdrauches haben einen dicken Sporn, kurze Tragblätter und schmale Kelchblätter.

Gewöhnlicher Erdrauch
Fumaria officinalis

Merkmale: Der 10–40 cm hohe Gewöhnliche Erdrauch ist eine einjährige Pflanze mit einem aufrechten, verzweigten Stängel, der kahl und undeutlich gerillt ist. Die wechselständigen, gestielten Blätter sind gefiedert, wobei jede Fieder nochmals in schmale Teilblättchen untergliedert ist, die in spitze Zipfel auslaufen. Die Blätter wirken blaugrün bereift.

Blüten: Zwischen April und Oktober erscheinen zahlreiche rosarote bis intensiv dunkelrote Blüten in lockeren Trauben an den Triebenden. Sie stehen in den Achseln schmaler Tragblätter und werden knapp 1 cm lang. Auf der Oberlippe jeder gespornten Blüte befindet sich ein aufgewölbter, grünlicher Höcker. Die Kelchblätter haben einen gezackten Rand.

Früchte: Als Frucht wird ein kugeliges Nüsschen ausgebildet.

Vorkommen: Ödland, Weinberge, Äcker und Gärten; auf nährstoffreichen, lockeren Böden; häufig.

Bedeutung: Der Gewöhnliche Erdrauch enthält in den grünen Teilen ein Alkaloid, Bitterstoffe und Flavonoide. Die Droge regt den Gallenfluss an und kommt in der Pflanzenmedizin bei Gallenstörungen zur Anwendung, hat aber auch harntreibende und abführende Wirkung. Die Volksheilkunde und die Homöopathie setzen den Gewöhnlichen Erdrauch vor allem bei chronischen Hauterkrankungen ein.

Der ähnliche Hohle Lerchensporn *(Corydalis cava)* hat größere Blüten mit langem Sporn und breiter gefiederte Blätter.

Blüte rot, spiegelsymmetrisch

Echtes Herzgespann
Leonurus cardiaca

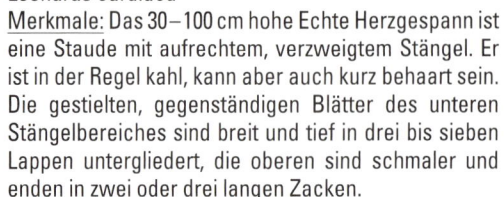

Bestimmungstipp: Die typischen zackig eingebuchteten Blätter und der lange Blütenstand machen das Echte Herzgespann unverwechselbar.

Die Hochblätter im Bereich der Blüten des Echten Herzgespanns können rot überlaufen sein.

Merkmale: Das 30–100 cm hohe Echte Herzgespann ist eine Staude mit aufrechtem, verzweigtem Stängel. Er ist in der Regel kahl, kann aber auch kurz behaart sein. Die gestielten, gegenständigen Blätter des unteren Stängelbereiches sind breit und tief in drei bis sieben Lappen untergliedert, die oberen sind schmaler und enden in zwei oder drei langen Zacken.

Blüten: Die hellpurpurnen Blüten erscheinen zwischen Juni und September in zahlreichen Quirlen in den Achseln der oberen Blätter. Der Kelch der Einzelblüten endet mit spitzen Zacken. Die Krone ist lippenförmig mit einer flachen, helmförmigen Ober- und einer dreigeteilten Unterlippe.

Früchte: Die unscheinbaren Früchte sind in vier Teilfrüchte untergliedert.

Vorkommen: Ödland, Wegränder und Gebüsche; auf feuchten, nährstoffreichen Böden.

Bedeutung: Das Echte Herzgespann enthält u. a. herzwirksame Glykoside, Gerbstoffe, Alkaloide und ätherisches Öl. Diese Inhaltsstoffe der oberirdischen Teile haben, ähnlich wie Baldrian, eine beruhigende Wirkung. Heute wird die Droge seltener verwendet als früher, es gibt aber noch Präparate, die bei leichten nervösen oder funktionellen Herzbeschwerden sowie gegen Beschwerden in den Wechseljahren und bei gestörter Verdauung verordnet werden.

Blüte rot, spiegelsymmetrisch

Bestimmungstipp:
Die großen Schmetterlingsblüten, Dornen und dreizählig gefiederte Blätter sind Merkmale der Dornigen Hauhechel.

Dornige Hauhechel
Ononis spinosa

Merkmale: Die 30–60 cm hohe Dornige Hauhechel ist ein Halbstrauch mit einem an der Basis verholzten Stängel. Er trägt vor allem im unteren Teil Dornen, seine oberen Bereiche weisen ein bis zwei Reihen von Haaren auf. Seine wechselständigen Blätter sind in drei eiförmige Fiedern mit gezackten Rändern untergliedert. Am Stielansatz sitzen kurze Nebenblätter.

Blüten: Die Schmetterlingsblüten erscheinen zwischen Juni und September einzeln oder zu wenigen in den oberen Blattachseln. Sie werden etwa 2 cm lang, sind rosa bis rotviolett gefärbt und ragen aus einem langen Kelch heraus. Ihre Fahne ist außen behaart und weist dunkler gefärbte Adern auf.

Früchte: Als Frucht wird eine etwa 1 cm lange, eiförmige, aufgeblähte Hülse gebildet.

Vorkommen: Halbtrockenrasen, Wegränder, Weiden; auf nährstoffarmen, kalkhaltigen Böden.

Bedeutung: Die Dornige Hauhechel ist eine sehr alte Heilpflanze, die bereits von dem antiken römischen Arzt Dioskurides beschrieben wird. In der Wurzel sind neben ätherischen Ölen und Flavon-Glykosiden auch noch unbekannte Wirkstoffe enthalten. Die Droge wirkt harntreibend, daher ist die Hauhechel in vielen Blasen- und Nierentees enthalten. In der Volksheilkunde verwendet man die Dornige Hauhechel vor allem bei Gicht, Rheuma und Hautekzemen.

Die ähnliche Kriechende Hauhechel *(Ononis repens)* trägt keine Dornen, und ihr Stängel ist rundum zottig behaart.

Blüte weiß, vierblättrig

> **Bestimmungstipp:**
> Das sicherste Kennzeichen der Knoblauchsrauke ist der Knoblauchgeruch der gezackten Blätter.

Sehr kleine Pflanzen können auf den ersten Blick untypisch aussehen, der Knoblauchgeruch lässt aber keine Verwechslung zu.

Gewöhnliche Knoblauchsrauke
Alliaria petiolata

Merkmale: Die 20–100 cm hohe Knoblauchsrauke ist eine ein- bis zweijährige Pflanze mit aufrechtem, nur im oberen Bereich verzweigtem Stängel. Ihre lang gestielten, unteren Blätter haben eine fast dreieckige bis herzartige Form und einen gezackten Rand. Die oberen Blätter sind kleiner, kürzer gestielt und spitzer gezackt. Alle Blätter duften beim Zerreiben sehr deutlich nach Knoblauch.

Blüten: Die rein weißen Blüten erscheinen von April bis Juni in doldenartigen Blütenständen. Ihre vier schmalen Kronblätter bilden ein Kreuz und stehen auf Lücke mit den vier grünen Kelchblättern.

Früchte: Als Frucht wird eine 2–7 cm lange, schmale Schote gebildet.

Vorkommen: Waldränder, Hecken, Gärten und Ödland; auf nährstoffreichen, lockeren Böden bei hoher Luftfeuchtigkeit; sehr häufig.

Bedeutung: Die Knoblauchsrauke enthält ätherische Öle und Senföl-Glykoside, deren Bestandteile den charakteristischen Knoblauchgeruch hervorrufen. Das frische grüne Kraut wurde früher in der Volksheilkunde bei Katarrhen der Atemwege verwendet. Außerdem nutzte man es bei Wurmbefall des Darmtraktes und legte es auf eiternde Wunden und Entzündungen auf. Fein geschnittene Blätter kann man als Knoblauchersatz einem Wildkräutersalat beimischen.

Blüte weiß, vierblättrig

Die Gartenkresse *(Lepidium sativum)*, die als Salatwürze gezogen wird und gelegentlich verwildert, hat runde Schoten.

Hirtentäschel
Capsella bursa-pastoris

Merkmale: Das 5–40 cm hohe Hirtentäschel ist eine einjährige Pflanze mit aufrechtem, kaum verzweigtem, gerilltem Stängel. Die grundständigen Blätter stehen in einer Rosette, sind länglich und löwenzahnartig gezackt. Die kleineren Stängelblätter sitzen ohne Stiel dem Stängel an und umfassen ihn stets mit zwei pfeilförmigen Zipfeln.

Blüten: Das Hirtentäschel kann von Februar bis November, zuweilen sogar ganzjährig blühen. Die nur 5 mm großen Blüten haben vier weiße, eiförmige Kronblätter und vier grüne, oft weißliche Kelchblätter. Die Blüten stehen in einer doldenartigen Traube, die sich zur Fruchtzeit stark verlängert.

Früchte: Als Frucht wird eine flache, herzförmige Schote ausgebildet, die mit dem spitzen Ende einem langen Stiel aufsitzt.

Vorkommen: Äcker, Gärten, Ödland und Wegränder; auf nährstoffreichen, stickstoffhaltigen Böden; sehr häufig.

Bedeutung: Das Hirtentäschel enthält unterschiedliche Flavonoide und Kaliumsalze. Die Droge wird in der Pflanzenmedizin als blutstillendes Mittel bei äußeren und inneren Blutungen angewendet. Diese Wirkung war bereits den Hebammen des Mittelalters bekannt. Sie nutzten das Kraut vor allem bei Blutungen der Gebärmutter; heute wird auf diese Anwendung des Hirtentäschels jedoch verzichtet.

Bestimmungstipp: Die herzförmigen Schoten sind ein typisches Kennzeichen des Hirtentäschels.

Blüte weiß, vierblättrig

Bestimmungstipp: Durch den hohlen Stängel und die anfänglich gelben Staubgefäße unterscheidet sich die Brunnenkresse vom Bitteren Schaumkraut.

Die Brunnenkresse kann an sauberen Bächen große Flächen besiedeln.

Brunnenkresse
Nasturtium officinale

Merkmale: Die 15–50 cm hohe, wintergrüne Brunnenkresse ist eine Staude mit hohlem, rundem Stängel. Er wächst sowohl niederliegend wie aufrecht. Die unpaarig gefiederten, gestielten Blätter weisen fünf bis neun Teilblättchen auf. Während die eiförmige Endfieder einen unregelmäßigen Rand mit schwachen Buchten hat, sind die seitlichen Fiederblättchen kurz gezackt.

Blüten: Die etwa 1 cm breiten, weißen Blüten erscheinen zwischen April und Juli an den Triebenden in dichten doldenartigen Trauben. Ihre vier Blütenblätter sind eiförmig und stehen auf Lücke mit den vier eiförmigen Kelchblättern. Die Stiele der gelben Staubgefäße verfärben sich mit zunehmender Reife nach Rotviolett.

Früchte: Als Frucht wird eine bis 2 cm lange, nur 2 mm dicke Schote gebildet.

Vorkommen: Schlammige, stets gut durchfeuchtete Böden an Bächen, Gräben und Ufern; immer an sonnigen Standorten.

Bedeutung: Die Brunnenkresse enthält geringe Mengen von Senföl-Glykosiden. Die Droge wird in der modernen Pflanzenmedizin als Bestandteil verschiedener Gallenmedikamente verwendet, während die Homöopathie sie bei Magenbeschwerden einsetzt. In der Volksheilkunde wird die Brunnenkresse wegen des hohen Vitamin-C-Gehalts bei Frühjahrskuren und als Blutreinigungsmittel geschätzt.

Blüte weiß, vierblättrig

Bestimmungstipp:
Im Unterschied zur Brunnenkresse sind beim Bitteren Schaumkraut bereits die Staubgefäße junger Blüten rotviolett gefärbt.

Bitteres Schaumkraut
Cardamine amara

Merkmale: Das meist 10–30 cm hohe Bittere Schaumkraut ist eine Staude. Sein in der Regel unverzweigter Stängel trägt stets deutliche, längs verlaufende Kanten und Rillen. Die gestielten unteren Blätter sind gefiedert und gelegentlich schwach behaart. Ihre Endfieder ist etwas größer, die vier bis zehn Fiederblättchen haben einen gezackten Rand. Die oberen, ebenfalls gefiederten Blätter sind kleiner.

Blüten: Die Blüten erscheinen von April bis Juni in einer Traube am Stängelende. Die vier eiförmigen Blütenblätter sind fast immer weiß, selten auch rosa überlaufen. Sie stehen auf Lücke mit den vier eiförmigen, grünen Kelchblättern. Die sechs Staubbeutel sind rotviolett gefärbt.

Früchte: Als Frucht wird eine 2–4 cm lange, 1–2 mm dicke Schote ausgebildet.

Vorkommen: Gebüsche, Wälder, Gräben und Bäche; auf lehmigen, gut durchfeuchteten Böden.

Bedeutung: Das Bittere Schaumkraut enthält Bitterstoffe, Senföl-Glykoside und reichlich Vitamin C. In der modernen Pflanzenmedizin ist es nicht mehr von Bedeutung. Früher schätzte man jedoch seinen frischen, etwas bitteren Geschmack. Daher taucht es in alten Arzneibüchern als magenstärkendes Heilmittel und Arznei gegen Skorbut auf. Heute wird es gelegentlich als Zusatz zu Wildkräutersalaten verwendet.

Das Wiesenschaumkraut (*Cardamine pratensis*), ebenfalls eine Heilpflanze, hat größere, hellrosa Blüten.

Blüte weiß, vierblättrig

> **Bestimmungstipp:**
> Die dicke, fleischige Wurzel ist das sicherste Kennzeichen des Meerrettichs.

Meerrettich
Armoracia rusticana

Merkmale: Der Meerrettich ist eine 40–120 cm hohe Staude mit aufrechtem, hohlem Stängel, der durch längs verlaufende Kanten und Rillen gekennzeichnet ist. Seine länglichen Grundblätter sind lang gestielt, gezackt und können bis zu 1 m lang werden. Die Stängelblätter werden nach oben zu immer kleiner und haben einen tiefer eingeschnittenen Rand. Die obersten Blätter sitzen ohne Stiel dem Stängel an.

Blüten: Die weißen, nur 5–9 mm breiten Blüten erscheinen zwischen Mai und Juli in einer dichten Traube. Jede Blüte hat vier schmal-eiförmige Blütenblätter und vier grüne Kelchblätter mit weißem, häutigem Rand.

Früchte: Die lang gestielten Schoten sind etwa eiförmig und 4–6 mm lang.

Vorkommen: Der Meerrettich stammt aus Osteuropa und Westasien und wird in Mitteleuropa angebaut. Er kann auf nährstoffreichen Böden verwildern.

Bedeutung: Die Wurzel des Meerrettichs ist vor allem als Gewürz bekannt. Sie enthält verschiedene, den Geschmack bestimmende Senföl-Glykoside und antibiotisch wirkende Substanzen. Als Medizin wird er schon von Hildegard von Bingen erwähnt und in der Volksheilkunde als harntreibendes und verdauungsförderndes Mittel angewandt. Auch gegen Rheuma und Gelenkerkrankungen sowie bei infizierten Wunden soll er helfen, als Essig zubereitet bei Kopfschmerzen.

Die frischen Wurzeln werden zerrieben und liefern das scharfe Meerrettichgewürz.

Blüte weiß, vierblättrig

> **Bestimmungstipp:**
> Die in Quirlen stehenden Blätter und der Duft der trocknenden Pflanze charakterisieren den Waldmeister.

Waldmeister
Galium odoratum

Merkmale: Der etwa 15–30 cm hohe Waldmeister ist eine Staude. Er bildet einen unverzweigten, schlanken Stängel aus, an dem rund herum die Blätter jeweils zu mehreren in Quirlen sitzen. Die Blätter sind länglich schmal und an ihrem glatten Rand mit Haaren besetzt.
Blüten: Die weißen Blüten erscheinen im April und Mai in einem lockeren, doldenartigen Blütenstand. Jede der nur 4–7 mm breiten Blüten besteht aus vier schmalen Kronblättern, die am Grund zu einer kurzen Röhre verwachsen sind.
Früchte: Die winzigen, trockenen Früchte tragen hakig gekrümmte Haare.
Vorkommen: Laub- und Mischwälder; auf nährstoff- und humusreichen Böden; sehr häufig.
Bedeutung: Der wichtigste Inhaltsstoff des Waldmeisters ist das Cumarin, das jedoch erst beim Trocknen der Pflanze entsteht und ihr den charakteristischen Duft verleiht. Bereits im Jahr 854 erwähnte der Benediktinermönch Wandalbertus aus dem Kloster Prüm die noch immer berühmte Waldmeisterbowle. Während man die krampflösende und beruhigende Droge im Mittelalter bei Leibschmerzen und Schlafstörungen verordnete, rät man heute allerdings vom Genuss der Pflanze ab. Cumarin verursacht Kopfschmerzen und soll krebserregend sein. Die Droge ist allerdings noch in verschiedenen Präparaten enthalten.

Das verwandte Klettenlabkraut oder Klebkraut *(Galium aparine)* erkennt man leicht, weil sich die Früchte mit klettenartigen Haaren an Tieren und Kleidern festheften.

Blüte weiß, fünfblättrig

> **Bestimmungstipp:**
> Seine Blütendolden und die doppelt dreigeteilten Blätter sind charakteristisch für den Zaungiersch.

Betrachtet man den Zaungiersch von oben, wird der Aufbau der zusammengesetzten Dolden besonders deutlich.

Zaungiersch, Geißfuß
Aegopodium podagraria

Merkmale: Der 30–100 cm hohe Zaungiersch ist eine Staude. Er hat einen aufrechten, hohlen Stängel mit längs verlaufenden Kanten und Rillen. Seine wechselständigen Blätter umhüllen den Stängel mit einem scheidenartigen Blattstiel. Die unteren Blätter sind dreiteilig gefiedert, bei den oberen sind die Fiedern nochmals geteilt. Der Rand der länglichen bis eiförmigen Fiederblättchen ist gezackt.

Blüten: Die weißen, von Juni bis Juli erscheinenden, etwa 3 mm breiten Blüten stehen in rund 20 Döldchen, die zu einer großen Dolde zusammengefasst sind. Innerhalb der Dolde fehlen die Tragblätter an der Basis der Döldchenstiele.

Früchte: Die eiförmigen, braunen, 3 mm langen Früchte haben helle Rippen.

Vorkommen: Laub- und Mischwälder, Gebüsche und Gärten, auf feuchten nährstoffreichen Böden; häufig.

Bedeutung: Giersch war früher ein geschätztes Mittel gegen Rheuma und Gicht. Darauf bezieht sich sein lateinischer Artname, denn Podagra bezeichnet die Gicht in den Zehen. Da viele Menschen des Mittelalters unter dieser Krankheit litten, baute man den Giersch sogar in Klöstern als Heilpflanze an. Äußerlich nutzte man das frische Kraut zu Umschlägen oder Bädern gegen Hämorrhoiden. In der Homöopathie wird Giersch gelegentlich noch gegen Gicht und Rheuma verwendet.

Blüte weiß, fünfblättrig

> **Bestimmungstipp:**
> Neben den nach Kümmel duftenden Früchten kennzeichnen die beiden Blätter an der Blattscheidenbasis den Wiesenkümmel.

Wiesenkümmel, Echter Kümmel
Carum carvi

Merkmale: Der 30–70 cm hohe Wiesenkümmel ist eine zweijährige Pflanze. Sein Stängel verzweigt sich bereits vom Grund an und weist längs verlaufende Rillen und Kanten auf. Die wechselständigen Blätter sind gefiedert, wobei jede Fieder nochmals ein- oder zweifach in kaum über 1 mm breite, längliche Teilblättchen gegliedert ist. Der Blattstiel verbreitert sich zu einer Scheide, an deren Basis zwei weitere Fiederblättchen sitzen.

Blüten: Die weißen Blüten stehen von April bis Juni in 8–15 Döldchen, die zu einer großen Dolde zusammengefasst sind.

Früchte: Jeweils zwei sichelförmige Teilfrüchte bilden eine Frucht und geben den typischen, intensiven Kümmelgeruch ab.

Vorkommen: Wiesen und Weiden; auf nährstoffreichen Böden; vielfach auch als Gewürz angepflanzt; häufig.

Bedeutung: Von medizinischer Bedeutung sind nur die Früchte des Kümmels. Sie enthalten verschiedene ätherische Öle, deren Hauptbestandteil das duftende Kümmelöl darstellt, sowie fettes Öl und Flavonoide. Kümmel wirkt anregend auf die Verdauung. Als Gewürz wird er daher blähenden Speisen, etwa Kohlgerichten, beigegeben und zur Appetitanregung angewandt. Das Öl ist Bestandteil von Mundwässern sowie von Mitteln gegen Magenkrämpfe und wird in der Branntweinindustrie verwendet (»Kümmelschnaps«).

Der giftige Wasserschierling *(Cicuta virosa)* unterscheidet sich durch gefiederte Blätter mit scharf gezackten Rändern.

Blüte weiß, fünfblättrig

Bestimmungstipp: Die ganze Pflanze duftet deutlich nach Anis.

Die giftige Hundspetersilie *(Aethusa cynapium)* **sieht ähnlich aus, weist aber stets drei Tragblätter unterhalb der Döldchen auf.**

Gartenkerbel
Anthriscus cerefolium

Merkmale: Der 30–60 cm hohe Gartenkerbel ist eine einjährige Pflanze mit rundem, schwach behaartem Stängel. Seine wechselständigen Blätter sind gefiedert, wobei jede Fieder nochmals zwei- bis dreimal gefiedert ist. Die Teilblättchen laufen in eine Spitze aus und sind gezackt. Die Pflanze duftet nach Anis.

Blüten: Die weißen Blüten erscheinen von Mai bis Juni in zwei bis fünf Döldchen, die zu einer größeren Dolde zusammengefasst sind. Die Doldenstiele sind spärlich behaart. An der Basis der kleinen Döldchen sitzen mehrere schmale Tragblättchen, der Ansatz der Dolde weist jedoch keine Tragblätter auf.

Früchte: Die dunkelbraunen, glänzenden Früchte werden etwa 1 cm lang und 1 mm breit.

Vorkommen: Der Gartenkerbel stammt aus Westasien, wurde aber sehr früh angebaut und konnte auf nährstoffreichen Lehmböden verwildern.

Bedeutung: Heute wird der harn- und schweißtreibende Gartenkerbel fast nur noch als Gewürz verwendet. Im Mittelalter wurde er jedoch auch als Heilpflanze außerordentlich geschätzt. Er gelangte mit den Römern über die Alpen und wird in fast allen wichtigen Kräuterbüchern genannt. Man empfahl Kerbel gegen Schwindelgefühle, Appetitlosigkeit, Eingeweidewürmer und Gelbsucht. Hildegard von Bingen lobt Kerbelumschläge als Mittel gegen Leibschmerzen.

Blüte weiß, fünfblättrig

Bestimmungstipp: Die ganze Pflanze riecht deutlich nach Sellerie.

Sellerie
Apium graveolens

Merkmale: Der 25–80 cm hohe Sellerie ist eine zweijährige Pflanze mit einer rübenartig verdickten Wurzel, aus der hohle Stängel mit längs verlaufenden Rillen und Kanten entspringen. Die gestielten Blätter sind gefiedert, und jede Fieder ist nochmals untergliedert. Der äußere Umriss der tief gezackten Teilblättchen ist etwa rautenförmig.

Blüten: Von Juni bis September werden die Blüten gebildet. Sie stehen in fünf bis zehn Döldchen, die zu einer größeren Dolde zusammengefasst sind. Die meist weißen Blüten können auch gelblich oder grünlich weiß erscheinen.

Früchte: Die nur 2 mm großen Früchte haben einen runden Umriss, sind aber seitlich zusammengedrückt.

Vorkommen: Küsten von Nord- und Ostsee; auf schlammigen, salzhaltigen Böden; selten; vielfach angebaut und aus der Kultur verwildert.

Bedeutung: Vermutlich brachten die Römer den Kultursellerie über die Alpen, denn man fand Spuren davon bei Ausgrabungen in römischen Siedlungen. Vor allem die Früchte, aber auch die übrigen Teile der Pflanze enthalten verschiedene ätherische Öle, darunter das charakteristisch duftende Apiol. Sellerie wirkt anregend auf die Nieren, darauf beruht wohl der Glaube, er könne die Potenz steigern. Aus den mit Zucker eingekochten Wurzeln stellte man früher Hustensaft her.

Der Knollensellerie ist eine der Kulturformen des wilden Selleries.

Blüte weiß, fünfblättrig

> **Bestimmungstipp:**
> Zwei der Kronblätter in den äußeren Blüten der Dolde sind etwas größer als die übrigen. Zudem riecht Koriander unangenehm.

Den giftigen Gefleckten Schierling *(Conium maculatum)* erkennt man an dem rot gefleckten, gerillten Stängel und den stark zerteilten Blättern.

Koriander
Coriandrum sativum

Merkmale: Der 30–60 cm hohe Koriander ist eine einjährige Pflanze mit aufrechtem, rundem Stängel, der sich nur im oberen Bereich schwach verzweigt. Seine wechselständigen Blätter sind gefiedert. Die Fiedern der unteren Blätter sind rundlich und gezackt, die der oberen länglich und schmal. Die Blattstiele verbreitern sich scheidenartig.

Blüten: Im Juni oder Juli erscheinen die weißen Blüten. Jeweils drei bis fünf Döldchen sind zu einer größeren Dolde zusammengefasst. An der Basis der Döldchen sitzen drei schmale Tragblätter, am Ansatz der Dolde nur eines, das jedoch fehlen kann.

Früchte: Die hellbraunen, kugeligen Früchte haben einen Durchmesser von etwa 3–5 mm.

Vorkommen: Westasien; seit dem Mittelalter kultiviert, aber nur selten auf nährstoffreichen Löss- oder Lehmböden verwildert.

Bedeutung: Der Koriander gelangte vermutlich schon im 16. Jahrhundert nach Mitteleuropa und wurde zunächst in Bauern- und Klostergärten angepflanzt. Verwendet werden von jeher nur die Früchte, die das ätherische Öl mit dem charakteristischen Duft enthalten. Im Vordergrund steht dabei die Nutzung als Gewürz, obwohl das Öl nachweislich den Appetit anregt, die Verdauung fördert und Krämpfe lindert. Koriander ist ein wesentlicher Bestandteil von Curry-Gewürzmischungen.

Blüte weiß, fünfblättrig

Meisterwurz, Kaiserwurz
Peucedanum ostruthium

Merkmale: Die 50–120 cm hohe Meisterwurz ist eine Staude mit aufrechtem, hohlem Stängel, der kaum verzweigt ist und längs verlaufende Rillen und Kanten aufweist. Die meisten der 30 cm langen und breiten Blätter setzen tief unten am Stängel an. Sie sind in drei jeweils nochmals dreigeteilte Fiedern untergliedert. Die oberen Blätter sind weniger stark geteilt.

Blüten: Von Juli bis August blüht die Meisterwurz weiß mit bis zu 50 Döldchen, die zu einer großen Dolde zusammengefasst sind. An der Basis der Döldchen sitzen mehrere borstenartige Tragblätter.

Früchte: Die runden, etwa 5 mm breiten Früchte sind geflügelt.

Vorkommen: In den hohen Mittelgebirgen und Alpen oberhalb von 1200 m Höhe; auf lockeren, nicht zu trockenen Böden; selten.

Bedeutung: Der Namensbestandteil »Meister« deutet bereits darauf hin: Dieser Pflanze schrieb man im Mittelalter meisterliche Qualitäten zu. Sie sollte als Allheilmittel alle möglichen Krankheiten kurieren, darunter Bronchitis, Gicht, Rheuma, Fieber, Bisswunden und mehr. Daher gehörte sie zum festen Bestand alpenländischer Bauerngärten. Heute nutzt man die ätherischen Öle und Gerbstoffe der Meisterwurz mit ihrer verdauungsfördernden und beruhigenden Wirkung noch für einige Fertigpräparate und Bitterschnäpse.

> **Bestimmungstipp:**
> Die doppelt dreiteiligen Blätter und die aufgeblähten Blattscheiden sind kennzeichnend für die Meisterwurz.

Blätter und Aufbau der Dolde sind charakteristische Merkmale der Meisterwurz.

Blüte weiß, fünfblättrig

Echtes Mädesüß, Großes Mädesüß
Filipendula ulmaria

Merkmale: Das bis 2 m hohe Echte Mädesüß ist eine Staude mit unverzweigtem oder nur im oberen Bereich verzweigtem Stängel. Die Teilblättchen der wechselständigen, unpaarig gefiederten Blätter sind länglich und haben scharf gezackte Ränder. An der Mittelrippe, zwischen den etwa 6 cm langen Teilblättchen, stehen deutlich kleinere Fiedern.

Blüten: Von Juni bis August werden die süßlich nach Mandeln duftenden Blüten gebildet. Sie stehen in einer Rispe mit einer verkürzten Haupt- und verlängerten Seitenachsen, sodass sich ein korbförmiger Blütenstand ergibt. Die Einzelblüten mit den fünf gelblich weißen Kronblättern sind nur 6–9 mm breit.

Früchte: Die schraubenartig gedrehten Früchte sind unscheinbar.

Vorkommen: Im Uferbereich von Seen und Fließgewässern oft in dichten Beständen, feuchte Wälder; häufig.

Bedeutung: Die Blüten des Mädesüß enthalten ätherisches Öl, Flavonoide und Gerbstoffe. In Skandinavien setzte man sie dem Met als aromatische Würze zu, daher der Name »Met-Süße« oder Mädesüß. Aus dem ätherischen Öl wurde 1839 eine Substanz isoliert, die in abgewandelter Form noch heute Hauptbestandteil des Schmerzmittels Aspirin ist. In der Volksheilkunde gilt Mädesüß als schweißtreibendes Mittel bei Erkältungen und wird bei Rheuma angewandt.

Bestimmungstipp: Beim Echten Mädesüß bestehen die Blätter aus höchstens fünf Fiederpaaren.

Das Kleine Mädesüß *(Filipendula vulgaris)* **wird nur 30–80 cm hoch und hat Blätter mit mehr als 20 Paaren von Fiederblättchen. Es wächst auf trockenen, mageren Wiesen.**

Blüte weiß, fünfblättrig

> **Bestimmungstipp:**
> Ihre Größe und der tief gefurchte Stängel unterscheiden die Große von der Kleinen Bibernelle *(Pimpinella saxifraga),* deren Stängel rundlich gerillt ist.

Große Bibernelle
Pimpinella major

Merkmale: Die 40–100 cm hohe Große Bibernelle ist eine Staude mit aufrechtem, tief gefurchtem Stängel. Ihre vorwiegend grundständigen Blätter sind unpaarig gefiedert, die Teilblättchen annähernd oval mit groben Zacken. Die kleineren, wechselständigen Blätter oben am Stängel haben schmalere Teilblättchen und meist stärker eingeschnittene Endfiedern.

Blüten: Von Juni bis September erscheinen die weißen, bisweilen auch rosafarbenen Blüten in 10–15 Döldchen, die zu einer großen Dolde zusammengefasst sind. Im Doldenbereich sind keine Tragblätter vorhanden.

Früchte: Die Früchte werden nur knapp 3 mm lang und 2 mm breit.

Vorkommen: Fettwiesen, Bergwiesen, Viehweiden; auf nährstoffreichen Böden; häufig.

Bedeutung: Die Große Bibernelle ist eine sehr alte Heilpflanze, die im Mittelalter als Medizin gegen Pest und Cholera eingenommen oder als Amulett getragen wurde. Nach der Überlieferung soll es göttliche Eingebung oder ein Vogel gewesen sein, der das Kraut als Heilmittel empfahl. Die moderne Pflanzenmedizin hat in der Wurzel u. a. ätherisches Öl, Gerbstoffe, Saponin und Cumarine nachgewiesen. Bibernellwurzel wird als hustenlinderndes und schleimlösendes Mittel angewandt. In der Volksheilkunde gilt die Große Bibernelle als verdauungsfördernde Droge.

Vor allem wenn die Einzelblüten noch knospig sind, erscheint der Blütenstand der Großen Bibernelle oft deutlich rosa.

Blüte weiß, fünfblättrig

Christrose, Schwarze Nieswurz
Helleborus niger

Bestimmungstipp: Die frühe Blütezeit und die großen Blüten machen die stark giftige Christrose unverwechselbar.

Merkmale: Die 5–25 cm hohe Christrose ist eine Staude mit rundem, unverzweigtem Stängel. Sie hat grundständige, handförmig gefiederte Blätter mit Fiedern von schmal-ovaler Form, die grün überwintern. Der Blattrand ist gezackt. Oben am Stängel sitzen einige einfache Blätter mit glattem Rand.

Blüten: Die 5–10 cm breiten, weißen, manchmal rosafarbenen Blüten werden zwischen Dezember und März ausgebildet. Sie stehen einzeln am Ende des Stängels. Zwischen den eiförmigen Blütenblättern und den zahlreichen gelben Staubgefäßen sitzen kleine, grünliche Honigblätter.

Früchte: Aus den einzelnen Fruchtknoten bilden sich kleine Balgfrüchte.

Vorkommen: Buchen- und Kiefernwälder der Kalkalpen; sehr selten; gelegentlich aus Kulturen verwildert.

Bedeutung: Die Christrose enthält im Wurzelstock ein herzwirksames Glykosid und Saponine. Da diese Stoffe, wie das auch für alle verwandten Arten typische Protoanemonin, stark giftig sind, dürfen sie nur vom Arzt verschrieben werden. Sie werden zu homöopathischen Mitteln gegen Herzschwäche, Krämpfe und Psychosen verarbeitet. Das Saponin reizt die Schleimhäute und erzeugt einen Niesreiz. Daher findet man pulverisierte Wurzelstöcke auch in einigen Schnupftabaken und Niespulvern.

Die ähnliche, ebenfalls giftige Grüne Nieswurz *(Helleborus viridis)* hat hellgrün gefärbte Blüten.

Blüte weiß, fünfblättrig

Bestimmungstipp:
An den Ranken und den großen, eingeschlechtigen Blüten kann man die Rotbeerige Zaunrübe sicher erkennen.

Rotbeerige Zaunrübe, Zweihäusige Zaunrübe
Bryonia dioica

Merkmale: Die Rotbeerige Zaunrübe ist eine kletternde, etwa 2–3 m hohe Staude. Aus einer rübenartigen Wurzel wachsen mehrere rau behaarte Triebe, die sich mit Ranken an einer Unterlage verankern. Ihre wechselständigen, im Umriss etwa dreieckigen Blätter sind am Rand in breite, dreieckige Lappen gebuchtet, die ihrerseits gezackt sind. Das Blatt ist auf Ober- und Unterseite stark rau behaart.

Blüten: Im Juni und Juli erscheinen die Blüten nach Geschlechtern getrennt auf verschiedenen Pflanzen. Die weiblichen Blüten mit den Fruchtknoten sind weiß, die männlichen mit den Staubgefäßen grünlich.

Früchte: Als Frucht wird eine grüne Beere gebildet, die sich während der Reife zunehmend rot färbt.

Vorkommen: Gebüsche, Zäune und Ackerland; auf nährstoffreichen Böden.

Bedeutung: Die Rotbeerige Zaunrübe enthält verschiedene Glykoside und Bitterstoffe. Obwohl sie als tödlich wirkende Giftpflanze eingeschätzt wird, nutzte man sie früher als äußerst wirksames Abführmittel. Ihr Saft kann auf der Haut Entzündungen hervorrufen. Medizinisch wird sie nur in der Homöopathie verwendet. Im Mittelalter verkauften Betrüger die einem menschlichen Körper ähnelnde Wurzel als Alraune, eine Mittelmeerpflanze, die als Allheilmittel galt.

Typisch für die Rotbeerige Zaunrübe sind die schraubig aufgewundenen Ranken und die grünen und roten Beeren in unterschiedlichen Reifezuständen.

Blüte weiß, fünfblättrig

> **Bestimmungstipp:**
> Der Purgierlein ist die einzige Leinart mit gegenständigen Blättern.

Zur Blütezeit kann man den seltenen und geschützten Gelben Lein *(Linum flavum)* leicht vom Purgierlein unterscheiden.

Purgierlein, Wiesenlein
Linum catharticum

Merkmale: Der 5–20 cm hohe Purgierlein ist eine einjährige Pflanze mit aufrechtem, nicht oder wenig verzweigtem Stängel. Alle Blätter sitzen gegenständig ohne Stiel direkt dem Stängel an. Während die unteren eine eiförmige Gestalt haben, sind die oberen Blätter schmaler. Alle haben jedoch einen glatten Rand, eine einzelne Ader und fühlen sich rau an.

Blüten: Die etwa 1 cm breiten Blüten erscheinen zwischen Mai und August. Sie haben fünf Kelch- und fünf weiße Kronblätter, die an ihrem Grund jeweils einen gelben Fleck tragen.

Früchte: Die kugeligen, 2–3 mm breiten Kapselfrüchte stehen aufrecht auf ihren Stielen.

Vorkommen: Flachmoore, feuchte Stellen, aber auch Trockenrasen auf kalkreichen Lehmböden.

Bedeutung: Der Purgierlein enthält in seinen grünen Teilen Bitterstoffe, Gerbstoff, ätherisches Öl und geringe Mengen Blausäureverbindungen. Er wird daher als Giftpflanze eingestuft, die von Laien nicht verwendet werden darf. Trotz seiner Gefährlichkeit war er früher ein gebräuchliches Abführmittel (lateinisch *purgare* = abführen) und galt als harntreibend. In hohen Dosen genossen, führt er zu Brechreiz und Magen-Darm-Entzündungen. Heute wird der Purgierlein noch in der Homöopathie bei Bronchitis, Hämorrhoiden und Durchfall eingesetzt.

Blüte weiß, fünfblättrig

Gewöhnliche Vogelmiere
Stellaria media

Merkmale: Die 5–40 cm hohe Gewöhnliche Vogelmiere ist eine einjährige Pflanze mit dünnem, niederliegendem Stängel, der sich an den Knoten bewurzeln kann. Ihre ovalen Blätter enden in einer kleinen Spitze. Während die unteren Blätter deutlich gestielt sind, sitzen die oberen direkt dem Stängel an.

Blüten: Die nur 4–7 mm breiten, weißen Blüten erscheinen bei günstigen Bedingungen das ganze Jahr über. Jedes der fünf Kronblätter ist fast bis zum Grund eingeschnitten und nur wenig länger als die schmalen, grünen Kelchblätter.

Früchte: Als Frucht wird eine kleine Kapsel mit sechs langen Zähnen ausgebildet.

Vorkommen: Unkrautgesellschaften auf Äckern, Ödland und in Gärten; auf lehmigen, nährstoffreichen Böden; sehr häufig.

Bedeutung: Die Gewöhnliche Vogelmiere enthält Mineralien und Vitamin C. Während Hildegard von Bingen das Kraut als Maden- und Wurmgift erwähnt, schätzte Pfarrer Sebastian Kneipp es als vitaminreiches Wildkraut, das beruhigend und schleimlösend wirkt. In der Volksheilkunde kennt man zahlreiche Anwendungen, z. B. gegen Rheuma, Arthritis und Gliederschmerzen oder frisch als Auflage bei Wunden und Hautausschlägen. Die Homöopathie setzt die Gewöhnliche Vogelmiere gegen Schuppenflechte ein.

> **Bestimmungstipp:** Die Gewöhnliche Vogelmiere kann man an der Wuchsform und einer längs verlaufenden Haarlinie auf dem Stängel sicher erkennen.

Die Große Sternmiere *(Stellaria holostea)* wird bis zu 30 cm hoch und hat fast 3 cm breite Blüten.

Blüte weiß, fünfblättrig

Bestimmungstipp:
Zur Fruchtzeit stehen die Kelchblätter der Walderdbeere deutlich ab.

Bei der ähnlichen Knackerdbeere *(Fragaria viridis)* liegen die Kelchblätter der Frucht dicht an.

Walderdbeere
Fragaria vesca

Merkmale: Die 5–20 cm hohe Walderdbeere ist eine Staude, die sich über lange oberirdische Ausläufer vermehren kann. Ihr behaarter Stängel überragt kaum die in drei Fiedern unterteilten, langstieligen Blätter. Jede Fieder ist oval und am Rand gezackt. Die Blattstiele sind angedrückt, die Blattunterseiten silbrig behaart.

Blüten: Die Blüten erscheinen von April bis September. Unter den fünf rundlichen weißen Kronblättern stehen zwei Kreise von grünen Kelchblättern: Die äußeren sind schmal, die inneren breiter und dreieckig.

Früchte: Die kugeligen Erdbeeren sind Sammelfrüchte. Die eigentlichen Früchte, die Nüsschen, sitzen dem fleischig verdickten, essbaren Blütenboden auf.

Vorkommen: Feuchte Stellen in Wäldern und Gebüschen; auf nährstoffreichen Böden; sehr häufig.

Bedeutung: Die Früchte der Walderdbeere enthalten Zucker und Vitamin C. Sie werden seit alters als Wildobst geschätzt und gesammelt. Von volksheilkundlicher Bedeutung sind jedoch vor allem die Blätter. Sie enthalten Gerbstoffe, Flavonoide und ätherisches Öl und werden als Tee gegen Durchfall, bei Leberleiden und als so genannter Blutreinigungstee getrunken. Wie man vielen mittelalterlichen Bildern entnehmen kann, auf denen die Walderdbeere zusammen mit der Madonna abgebildet wird, hatte sie auch eine wichtige symbolische Bedeutung.

Blüte weiß, fünfblättrig

Waldsauerklee
Oxalis acetosella

Merkmale: Der nur 5–15 cm hohe Waldsauerklee ist eine Staude, die keinen oberirdischen Stängel ausbildet. Die Blätter wachsen direkt aus einem unterirdischen Wurzelstock aus. Sie stehen an langen Stielen und sind dreigeteilt mit etwa herzförmigen Teilblättchen. In der Dämmerung und bei starkem Sonnenlicht werden die Blattfiedern nach unten geklappt.
Blüten: Die Blüten öffnen sich zwischen April und Mai. Sie stehen einzeln auf langen Stielen, die höher sind als die Blätter. Die fünf weißen Kronblätter tragen am Grund einen gelben Fleck und weisen deutlich sichtbare rötliche bis violette Adern auf. Die fünf grünen Kelchblätter sind schmal-oval.
Früchte: Als Frucht wird eine bis 1 cm lange Kapsel ausgebildet.
Vorkommen: Laub- und Mischwälder; auf Böden mit lockerer Humusauflage; sehr häufige Schattenpflanze.
Bedeutung: Wegen ihres säuerlichen Geschmacks werden die Blätter des Waldsauerklees gelegentlich Wildkräutersalaten beigemischt. Diese Nutzung ist jedoch nicht ganz unbedenklich, denn die den Geschmack bestimmende Oxalsäure ist in größeren Mengen giftig. Medizinisch werden die Blätter fast ausschließlich in der Homöopathie verwendet, wo sie bei Stoffwechselerkrankungen, Verdauungsstörungen und Leber- und Gallenkrankheiten verordnet werden.

> **Bestimmungstipp:**
> Die eingeklappten Blattfiedern und die dunkel geäderten weißen Blüten sind typische Merkmale des Waldsauerklees.

Bei starker Sonne und am Abend schlägt der Waldsauerklee seine Blattfiedern herab.

Blüte weiß, fünfblättrig

> **Bestimmungstipp:**
> Die Echte Bärentraube hat netzartig hervortretende Adern auf der Blattunterseite.

Echte Bärentraube, Immergrüne Bärentraube
Arctostaphylos uva-ursi

Merkmale: Die immergrüne Echte Bärentraube ist ein 30–100 cm hoher Strauch, der teppichartig verzweigt den Boden bedeckt. Seine aufwärts gebogenen Äste tragen eine rötlich braune Rinde. Die wechselständigen Blätter können so dicht stehen, dass sie einem Quirl ähneln. Sie haben eine ovale Form, einen glatten Rand und sind oberseits glänzend, unterseits matt.

Blüten: Zwischen März und Juli erscheinen die etwa 5 mm langen Blüten in Trauben an den Enden der Zweige. Die weißen Kronblätter sind glockenartig verwachsen und enden in fünf kurzen Zipfeln.

Früchte: Als Frucht wird eine kräftig rote Beere ausgebildet.

Vorkommen: Vorwiegend in lichten Kiefernwäldern; auf nährstoffarmen, flachgründigen Böden.

Bedeutung: Die Echte Bärentraube ist eine auch von der modernen klassischen Medizin anerkannte Heilpflanze. Sie enthält in den Blättern den Wirkstoff Arbutin, Gerbstoffe und Flavonoide. Das Arbutin wird innerhalb der Harnwege in antibakteriell wirkende Bestandteile gespalten und hilft daher bei Entzündungen der Harnwege und der Blase. Diese Wirkung tritt jedoch nur bei bestimmten Erkrankungen ein, daher darf Bärentraubentee nur vom Arzt verordnet werden. Größere Mengen oder zu langer Gebrauch können schädlich sein.

Zur Fruchtzeit ist die Echte Bärentraube mit ihren leuchtend roten Beeren unverwechselbar.

Blüte weiß, fünfblättrig

Bestimmungstipp: Außer dem Fieberklee gibt es keine weiß blühende Sumpfpflanze mit ähnlich fransenartig gerandeten Kronblättern.

Fieberklee
Menyanthes trifoliata

Merkmale: Der 15–30 cm hohe Fieberklee ist eine Staude. Er hat keinen Stängel, sondern ein knapp 2 cm dickes Rhizom, das im Schlamm kriecht. Es trägt kleine Schuppenblätter und wechselständige, größere Laubblätter. Sie sitzen mit einer Scheide dem Rhizom an, sind gestielt und in drei Teilblättchen gefiedert. Die eiförmigen Fiedern haben einen glatten, selten auch schwach rundlich gezackten Rand.

Blüten: Von Mai bis Juli erscheinen die fast 2 cm breiten Blüten. Die fünfzipfeligen weißen Kronblätter sind an ihrer Basis miteinander verwachsen und flach ausgebreitet. Der Rand der Zipfel ist deutlich fransenartig aufgelöst.

Früchte: Als Frucht wird eine kleine Kapsel ausgebildet.

Vorkommen: Moore, Sümpfe; auf wassergesättigten, schlammigen Böden.

Bedeutung: Der Fieberklee ist eine seltene, geschützte Pflanze, die auf keinen Fall ausgerissen werden darf. Wie der deutsche Name andeutet, galten die Blätter früher als wirksames Fiebermittel. Eine medizinische Grundlage für diese Anwendung konnte jedoch nicht gefunden werden. Immerhin enthalten die Blätter verschiedene Bitter- und Gerbstoffe und werden noch heute in einigen Präparaten gegen Appetitlosigkeit, Verdauungsstörungen und Gallenleiden, in der Homöopathie bei Grippe und Kopfschmerzen verordnet.

Die fransenartigen Ränder der Blütenblätter verleihen dem Fieberklee seine außergewöhnliche Blütenform.

Blüte weiß, fünfblättrig

Schlehe, Schwarzdorn
Prunus spinosa

Merkmale: Die Schlehe wächst zu einem 1–3 m hohen Strauch, selten zu einem Bäumchen mit dunkelgrauer Rinde heran. Sie ist sehr dicht verzweigt und trägt zu langen Dornen umgewandelte Kurztriebe. Die wechselständigen Blätter sitzen häufig dicht zusammen. Sie sind oval und am Rand gezackt.

Blüten: Im März oder April erscheinen die Blüten häufig noch vor den Blättern. Sie stehen so dicht auf den Kurztrieben, dass sie die Zweige zu bedecken scheinen. Unter den fünf eiförmigen weißen Kronblättern befinden sich fünf dreieckige Kelchblätter.

Früchte: Die Schlehenbeere ist eigentlich eine schwarze, blau bereifte Steinfrucht.

Vorkommen: Wald- und Wegränder, Trockenrasen; auf kalkhaltigen, tiefgründigen Böden.

Bedeutung: Die Schlehe ist vor allem wegen der alkoholischen Getränke bekannt, die man aus den säuerlichen Früchten herstellt. Sie enthalten Gerbstoffe, Säuren und Vitamin C. Ihr frischer Saft wird in der Volksheilkunde zum Gurgeln bei Mund- und Zahnfleischentzündung verwendet. Von medizinischer Bedeutung sind jedoch eher die Blüten, die vor allem Glykoside und geringe Mengen von Blausäureverbindungen enthalten. Sie gelten als schwaches Abführmittel und werden in der Homöopathie bei Herz- und Nervenschwäche verordnet.

Bestimmungstipp: Die dicht stehenden Blüten, die typischen Früchte und die langen Dornen sind Kennzeichen der Schlehe.

Frische Schlehenbeeren sind ungenießbar, ihr herber Geschmack mildert sich erst nach Frosteinwirkung.

Blüte weiß, fünfblättrig

> **Bestimmungstipp:** Verwechslungsmöglichkeit besteht nur mit dem Zweigriffeligen Weißdorn (*Crataegus laevigata*). In seinen Blüten stehen zwei Griffel.

Eingriffeliger Weißdorn
Crataegus monogyna

Merkmale: Der Eingriffelige Weißdorn ist ein 3–8 m hoher Strauch, der auch baumförmig wachsen kann. Er hat wechselständige, tief in mehrere Lappen eingebuchtete Blätter. Die einzelnen Lappen sind deutlich gezackt und unterseits in den Winkeln der Adern behaart. Der Strauch trägt etwa 1 cm lange Dornen.

Blüten: Die Blüten erscheinen zwischen Mai und Juni in doldenartigen Rispen an den Kurztrieben. Die rundlichen weißen Kronblätter sind an der Spitze meist etwas gezackt. Im Blüteninnern ist nur ein einziger Griffel zu erkennen.

Früchte: Die roten, mehligen Apfelfrüchte sind etwa 1 cm breit und kugelig bis eiförmig.

Vorkommen: Waldränder, Gebüsche; auf lockeren Lehmböden und sonnigen Standorten; gelegentlich als Heckengehölz oder Straßenbaum angepflanzt.

Bedeutung: Früchte und Blüten des Eingriffeligen und des nahe verwandten Zweigriffeligen Weißdorns enthalten u. a. Flavonoide, verschiedene Säuren und die so genannten Procyanidine. In der Volksheilkunde werden hauptsächlich die Früchte in Form von Mus gegen Durchfall eingenommen. Pharmazeutisch ist der Weißdorn jedoch aus einem anderen Grund von Bedeutung: Seine Wirkstoffe regen die Durchblutung der Herzkranzgefäße an und werden daher bei beginnender Herzschwäche verordnet.

Neben dem einzelnen Griffel sind vor allem die stärker eingeschnittenen Blätter typisch für den Eingriffeligen Weißdorn. Seine roten Früchte enthalten nur einen Steinkern.

Blüte weiß, fünfblättrig

Apfelbaum
Malus domestica

Merkmale: Der Apfelbaum wird rund 5–10 m hoch; je nach Sorte können unterschiedliche Höhen oder Formen auftreten. Seine wechselständigen, gestielten Blätter sind rundlich geformt und haben fein gezackte Ränder. Die Blattadern sind auf der Blattoberseite etwas eingesenkt, auf der Unterseite stehen sie hervor.

Blüten: Die von Mai bis Juni erscheinenden Blüten sind weiß, vor allem auf der Außenseite jedoch rosa überlaufen. Im Blüteninnern befinden sich die zahlreichen Staubblätter.

Früchte: Die typischen Apfelfrüchte unterscheiden sich je nach Sorte in Größe und Farbe.

Vorkommen: Wilde Apfelbäume wachsen vorwiegend in Auwäldern und nicht zu trockenen Gebüschen. Weitaus häufiger sind jedoch die angepflanzten Kultursorten.

Bedeutung: Ein altes englisches Sprichwort sagt: »Mit einem Apfel am Tag vermeidest du den Arzt.« In der Tat enthalten Äpfel zahlreiche Vitamine, Mineralien und Spurenelemente. Sie sind vielfältig wirksame Lebens- und Heilmittel, senken den Cholesterinspiegel, beugen Arteriosklerose und Herzinfarkt vor und unterstützen die Verdauung. Frische, geriebene Äpfel helfen gegen Durchfall. In manchen Teemischungen sind Apfelschalen als Geschmacksverbesserer enthalten. Die Schleimstoffe aus unreifen Äpfeln werden selten gegen innere und äußere Blutungen verordnet.

Bestimmungstipp: Die typische Frucht ist das sicherste Kennzeichen des Apfelbaums.

Bei der Apfelsorte 'Idared' färben sich die reifen Früchte rot.

Blüte weiß, fünfblättrig

Schwarzer Holunder, Fliederbeere
Sambucus nigra

Merkmale: Der 3–7 m hohe Schwarze Holunder wächst strauchförmig oder als kleiner Baum. Seine helle Rinde trägt auffallend dunkelbraune Korkwarzen. Die gegenständigen, gestielten Blätter sind unpaarig gefiedert mit meist fünf Teilblättchen. Jede einzelne Fieder ist am Stielansatz rundlich, endet in einer Spitze und hat einen regelmäßig gezackten Rand.
Blüten: Im Mai oder Juni werden die nur 7 mm breiten, duftenden Blüten gebildet. Sie sind cremig weiß und stehen zahlreich in doldenartigen Rispen.
Früchte: Als Frucht reifen kugelige, schwarze Beeren heran, die wie die Blüten in einer Rispe angeordnet sind.
Vorkommen: Waldränder und -lichtungen, Gebüsche; auf nährstoffreichen, tiefgründigen Lehmböden.
Bedeutung: Der Holunder spielt im Volksglauben eine wichtige Rolle. Er wurde neben die Bauernhäuser gepflanzt und sollte einen Geist oder ein Holunderweiblein beherbergen, das Haus und Familie beschützte. Seine Blüten enthalten u. a. ätherisches Öl, Flavonoide und Gerbstoffe. Zum Fliedertee verarbeitet, dienen sie als schweißtreibendes Heilmittel bei fiebrigen Erkältungen und sollen eine harntreibende Wirkung haben. Die Früchte enthalten Gerbstoffe, Pflanzensäuren und sehr viel Vitamin. Sie haben in rohem Zustand eine abführende Wirkung und können Übelkeit hervorrufen. Als Saft oder Mus nutzt man sie wie die Blüten.

> **Bestimmungstipp:** Ein sicheres Kennzeichen des Schwarzen Holunders ist das weiße Mark in den Zweigen.

Zur Fruchtzeit sind die in doldenartigen Rispen hängenden Beeren ein Erkennungsmerkmal des Schwarzen Holunders.

Blüte weiß, fünfblättrig

Gewöhnliche Brombeere
Rubus fruticosus

Merkmale: Die 50–200 cm hohe Brombeere ist ein kletternder Strauch. Sie wächst mit kriechenden oder weit überhängenden Trieben, deren Stacheln sich an einer Unterlage verankern können. Ihre wechselständigen Blätter sind in drei bis sieben Teilblättchen gefiedert, die etwas runzelig erscheinen. Die Blattunterseite ist in der Regel weißfilzig behaart.

Blüten: Von Juni bis August werden die Blüten gebildet. Sie stehen zahlreich in rispenartigen Blütenständen in den Blattachseln der letztjährigen Triebe. Die fünf Kelchunter den fünf weißen Kronblättern sind nach der Blüte zurückgeschlagen.

Früchte: Die Brombeere bildet eine schwarze Sammelfrucht aus, deren kugelige Bestandteile die eigentlichen Früchte mit den Samen darstellen.

Vorkommen: Wälder und Gebüsche; auf nährstoffreichen Böden; sehr häufig.

Bedeutung: Obwohl die Früchte viel Vitamin C enthalten und damit sehr gesund sind, nutzt man in der Medizin vorwiegend die Blätter. Sie enthalten vor allem Gerbstoffe und Flavonoide, die eine zusammenziehende Wirkung haben. Brombeertee wird bei Durchfall, zum Gurgeln bei Entzündungen im Mundbereich, aber auch als Beigabe zu anderen Teemischungen verwendet. In der Antike war Brombeersaft sogar als Schminke für Wangen und Lippen beliebt.

Bestimmungstipp: Charakteristisch für die Brombeere sind die langen, überhängenden Triebe mit ungleich großen Stacheln.

Die Brombeeren verfärben sich während der Reife von Grün über Rot nach Schwarz.

Blüte weiß, fünfblättrig

Gewöhnliche Himbeere
Rubus idaeus

Merkmale: Die 80–150 cm hohe Himbeere ist ein Strauch mit aufrechten Trieben, die im unteren Bereich sehr kurze Stacheln tragen. Manchen Kulturformen fehlen diese Stacheln. Sehr junge Triebe sind blau bereift. Ihre wechselständigen Blätter sind mit drei bis sieben Teilblättchen gefiedert. Die Blattunterseiten tragen einen dichten, weißen Haarfilz, der Blattrand ist gezackt.
Blüten: Zwischen Mai und Juni erscheinen die Blüten in rispenartigen Blütenständen in den Blattachseln. Die fünf weißen Kronblätter sind deutlich schmaler als die fünf grünen Kelchblätter.
Früchte: Die Himbeere ist eine Sammelfrucht, die um einen kegelförmigen Stiel sitzt. Daher lassen sich die Früchte leicht ablösen und sind innen hohl.
Vorkommen: Waldränder und -lichtungen, Gebüsche; auf nährstoffreichen, feuchten Böden; sehr häufig.
Bedeutung: Da man die Samen der Himbeere in den Behausungen steinzeitlicher Menschen fand, kann man davon ausgehen, dass der Nahrungswert dieser vitaminreichen Frucht schon damals bekannt war. Medizinisch werden jedoch nur die Blätter genutzt. Sie enthalten Gerbstoffe und Flavonoide und werden bei Durchfall und äußerlich gegen Hauterkrankungen verordnet. Aus dem Fruchtsirup bereitet man ein erfrischendes Getränk bei fiebrigen Erkältungen. In der Antike diente der mit Honig vermischte Saft als Augensalbe.

> **Bestimmungstipp:** Bei Wildformen der Himbeere sind, neben den Früchten, die weißfilzigen Blattunterseiten und schwarzrote Stacheln typisch.

Bei den nickenden Blüten der Himbeere werden die Kronblätter von den größeren, abstehenden Kelchblättern überragt.

Blüte weiß, fünfblättrig

> **Bestimmungstipp:**
> Neben den typischen Blüten und Früchten ist die glatte, graue, fast glänzende Rinde ein Merkmal der Eberesche.

Eberesche, Vogelbeere
Sorbus aucuparia

Merkmale: Die 3–15 m hohe Eberesche kann strauchförmig oder als Baum mit unterschiedlich geformter Krone wachsen. Ihre wechselständigen, unpaarig gefiederten Blätter bestehen aus 9–19 Teilblättchen. Sie sind schmal, zugespitzt und am Rand fein gezackt.

Blüten: Von Mai bis Juni erscheinen die etwa 1 cm breiten, weißen Blüten dicht gedrängt in großen, doldenartigen Rispen. Ihre fast runden Kronblätter verschmälern sich stark zur Basis hin.

Früchte: Als Früchte werden nahezu kugelige, rote Apfelfrüchte mit mehreren Steinkernen gebildet.

Vorkommen: Kahlschläge, lichte Laubwälder, Waldränder und Gebüsche; auf nährstoffarmen Böden; häufig und zudem oft auch als Ziergehölz oder Straßenbaum angepflanzt.

Bedeutung: Die Eberesche, auch Vogelbeere genannt, leistet einen wichtigen Beitrag zur Ernährung heimischer Vogelarten. Ihre Früchte enthalten verschiedene Pflanzensäuren, Gerbstoffe, Zucker und viel Vitamin C. In den Samen sind geringe Mengen von Blausäureverbindungen enthalten. Die Früchte wurden seit alters als Heilmittel gegen Skorbut verwendet. Weiterhin gelten sie in der Pflanzenmedizin und Volksheilkunde als mildes Abführmittel. In früheren Zeiten gewann man aus ihnen Sorbit, einen Zuckerersatzstoff, der auch von Diabetikern verwendet werden kann.

Ebereschen bilden sehr schöne, regelmäßige Blütenstände aus.

Blüte weiß, mehrblättrig

Gewöhnliche Schafgarbe
Achillea millefolium

Merkmale: Die meist 40–70 cm hohe Gewöhnliche Schafgarbe ist eine Staude mit aufrechtem Stängel, der sich nur im Bereich des Blütenstandes verzweigt. Der Stängel ist unten kahl, im oberen Teil jedoch dicht behaart. Seine wechselständigen Blätter sind gefiedert, wobei jede Fieder nochmals ein- bis zweimal eingeschnitten ist. Die Blätter duften aromatisch.

Blüten: Von Juni bis Oktober werden die Blüten gebildet. Sie stehen in 4–10 mm breiten Körbchen, die sich zu einem breiten, doldenartigen Blütenstand zusammenfügen. Jedes Körbchen besteht aus zungenförmigen, weiß bis rosa erscheinenden Randblüten und weißen Röhrenblüten.

Früchte: Als Früchte werden winzige, unbehaarte Achänen gebildet.

Vorkommen: Halbtrockenrasen, trockene, fette Wiesen und Wegränder; auf nährstoffreichen Lehmböden; sehr häufig.

Bedeutung: Die Gewöhnliche Schafgarbe enthält in den oberirdischen Teilen ätherisches Öl, Bitterstoff, Gerbstoffe und Flavonoide. Die Droge regt die Verdauung an, löst Krämpfe und wirkt entzündungshemmend. Äußerlich wird sie vor allem in der Volksheilkunde bei Hautleiden und Wunden, in der Homöopathie bei Wunden aller Art verwendet. Bei Empfindlichkeit kann der Pflanzensaft die Haut reizen.

> **Bestimmungstipp:** Die mehrfach gefiederten Blätter und die doldenartig zusammenstehenden Blütenköpfchen sind Kennzeichen der Gewöhnlichen Schafgarbe.

Die Moschus-Schafgarbe *(Achillea moschata)* ist deutlich kleiner und hat weniger stark zerteilte Blätter.

Blüte weiß, mehrblättrig

Bestimmungstipp:
Vom Spitzwegerich unterscheidet sich der Breitwegerich durch die deutlich gestielten, breiteren Blätter.

Zur Blütezeit ist der Mittlere Wegerich *(Plantago media)* nicht mit dem Breitwegerich zu verwechseln.

Breitwegerich, Großer Wegerich
Plantago major

Merkmale: Der 10–40 cm hohe Breitwegerich ist eine Staude. Alle Blätter wachsen in einer grundständigen Rosette. Während die äußeren dem Boden anliegen, sind die inneren schräg nach oben gerichtet. Die rundliche Blattspreite wird von deutlich sichtbaren Längsadern durchzogen und verschmälert sich an der Basis in einen ausgeprägten Stiel.

Blüten: Von Juni bis Oktober erscheinen die Blüten in einer schmalen, langen Ähre am Ende eines blattlosen Stängels, der etwa so lang wie die Ähre ist. Aus den winzigen Einzelblüten mit vierzipfeligem Kelch und Krone ragen die weißlichen Staubblätter mit den bräunlichen bis roten Staubgefäßen heraus.

Früchte: Die winzigen Kapselfrüchte mit acht Samen sind unscheinbar.

Vorkommen: Rasen, Ufer, sogar auf begangenen Wegen, auf nährstoffreichen Lehmböden; sehr häufig.

Bedeutung: Der Breitwegerich enthält in seinen Blättern Schleimstoffe, Gerbstoffe, Flavonoide und Kieselsäure. Obwohl er medizinisch weniger wirksam ist als der Spitzwegerich, wird auch er in der Volksheilkunde gegen Husten und sein frischer Saft zur Linderung von kleinen Wunden und Insektenstichen verwendet. Seine heutige Bedeutung liegt in der homöopathischen Anwendung: Er ist Bestandteil von Medikamenten gegen Zahnschmerzen, Bettnässen und Reizblase.

Blüte weiß, mehrblättrig

> **Bestimmungstipp:**
> Die Blattrosette aus langen schmalen Blättern ist ein Erkennungsmerkmal des Spitzwegerichs.

Spitzwegerich
Plantago lanceolata

Merkmale: Der 10–50 cm hohe Spitzwegerich ist eine Staude, deren Blätter alle in einer grundständigen Rosette sitzen. Sie sind 10–20 cm lang, aber höchstens 2 cm breit und gehen unmerklich in den Stiel über. Auffallend sind die deutlich erkennbaren, längs verlaufenden Blattadern.

Blüten: Von Mai bis September stehen die winzigen Blüten in einer eiförmigen bis länglichen braun-weißen Ähre am Ende eines blattlosen Stängels. Krone und Kelch der Einzelblüten enden in vier Zipfeln. Aus den Blüten ragen die weißen Staubgefäße lang heraus.

Früchte: Die winzigen Kapselfrüchte mit zwei Samen sind unscheinbar.

Vorkommen: Wiesen, Wegränder und Ackerland; auf nährstoffreichen Lehmböden; sehr häufig.

Bedeutung: Die Blätter des Spitzwegerichs enthalten Schleimstoffe, Gerbstoffe, Flavonoide und Kieselsäure. In der modernen Pflanzenmedizin wird die schleimlösende und den Hustenreiz mildernde Droge bei Entzündungen im Mund-Rachen-Raum und bei Katarrhen verwendet. Früher maß man dem Wegerich als Heilpflanze sogar weit höhere Bedeutung zu. So war er im Mittelalter Bestandteil zahlreicher Zaubermixturen. Bis heute hat sich eine volksheilkundliche Anwendung gehalten: Der frische Saft der Blätter lindert den Juckreiz von Insektenstichen.

Aus den aufgeblühten Einzelblüten des Spitzwegerichs hängen die langen Staubblätter heraus.

Blüte weiß, mehrblättrig

Maiglöckchen
Convallaria majalis

Merkmale: Das 10–30 cm hohe Maiglöckchen ist eine Staude mit einem dünnen Wurzelstock. Daraus entspringen zwei, selten auch drei Blätter, die am Grund von einer Scheide umhüllt sind. Aus derselben Scheide wächst auch der dünne Stängel hervor. Die länglich-ovalen Blätter sind zugespitzt und haben deutlich parallel verlaufende Adern.

Blüten: Von Mai bis Juni erscheinen an einem unbeblätterten Stiel drei bis zehn weiße Blüten in einer Traube. Sie sind alle zur selben Seite gerichtet und haben glockenförmig verwachsene Blütenblätter, die in sechs nach außen gebogenen Zipfeln enden. Die Blüten duften stark.

Früchte: Als Früchte werden leuchtend rote Beeren in einem traubigen Fruchtstand gebildet.

Vorkommen: Laubwälder; auf tiefgründigen, humusreichen Lehmböden; in den Alpen bis zur Laubwaldgrenze; häufig.

Bedeutung: Das Maiglöckchen enthält Saponine und verschiedene herzwirksame Glykoside, die es als Giftpflanze ausweisen. Es wurde, ebenso wie die Fingerhutarten *(Digitalis)*, als Droge eingesetzt, um Herzschwäche und kreislaufbedingte Wasseransammlungen zu bekämpfen. In der Homöopathie wird es ähnlich verwendet. Die Blüten werden bei der Herstellung von Schnupftabak genutzt.

> **Bestimmungstipp:**
> Die bis 1,4 cm breiten, glockenförmigen Blüten, die zwischen meist nur zwei Blättern herausragen, machen das Maiglöckchen unverwechselbar.

Außerhalb der Blütezeit könnten Verwechslungen mit dem Schattenblümchen *(Maianthemum bifolium)* vorkommen. Dieses hat jedoch eiförmige, gestielte Blätter.

Blüte weiß, mehrblättrig

> **Bestimmungstipp:**
> Die großen Blüten und die schmalen, eingeklappten Blätter mit weißem Mittelstreifen charakterisieren den Doldigen Milchstern.

Doldiger Milchstern
Ornithogalum umbellatum

Merkmale: Der 10–30 cm hohe Doldige Milchstern ist eine Staude, die eine 2–3 cm dicke Zwiebel mit mehreren Nebenzwiebeln ausbildet. Seine langen, höchstens 6 mm breiten Blätter treiben aus der Zwiebel und gelegentlich aus den Nebenzwiebeln aus. Sie sind entlang der Mittelrippe eingefaltet und tragen einen auffallenden weißen Mittelstreifen.

Blüten: Zwischen April und Mai erscheinen die bis 4 cm breiten Blüten in einer Traube. Auf der Außenseite der sechs schmal-ovalen, milchweißen Blütenblätter verläuft ein grüner Mittelstreifen.

Früchte: Die Kapselfrüchte entwickeln sich an waagerecht abstehenden Stielen.

Vorkommen: Der Doldige Milchstern stammt aus dem Mittelmeergebiet; er ist in der Nähe alter Burgen und Klöster sowie in Weinbergen auf nährstoffreichen, feuchten, aber besonnten Standorten gelegentlich aus Kulturen verwildert.

Bedeutung: Die Zwiebeln des Doldigen Milchsterns ähneln jenen der giftigen, noch heute in der Pflanzenmedizin eingesetzten Meerzwiebel *(Urginea maritima)*, die im Mittelalter gegen Wassersucht verwendet wurde. Da man damals davon ausging, dass Pflanzen, die sich gleichen, auch ähnlich wirken, griff die Volksmedizin anstelle der teuren Meerzwiebel zur – eigentlich unwirksamen – Zwiebel des Doldigen Milchsterns.

Die Traubige Graslilie *(Anthericum liliago)* hat einen ähnlichen Blütenstand, wird aber 20–70 cm hoch.

Blüte weiß, mehrblättrig

Der Allermannsharnisch *(Allium victorialis)* ist eine nahe verwandte, seltene Gebirgspflanze, der früher Zauberkraft zugeschrieben wurde.

Küchenzwiebel
Allium cepa

Merkmale: Die Küchenzwiebel ist eine Staude. Sie treibt aus ihrer Zwiebel einen bis 1,5 m hohen Spross aus. Dieser Stängel ist im unteren Teil aufgebläht verdickt, hohl und nur an der Basis beblättert. Auch die schmalen Blätter sind hohl.

Blüten: Von Juni bis August erscheinen die zahlreichen weißen bis rosafarbenen Blüten in einem kugeligen Blütenstand von 6–15 cm Durchmesser am Ende des Stängels. Die einzelnen Blüten sind lang gestielt. Sie bestehen aus sechs Hüllblättern und sechs lang herausragenden Staubblättern.

Früchte: Die Kapselfrüchte sind unscheinbar.

Vorkommen: Die Küchenzwiebel stammt wahrscheinlich aus Westasien, wurde aber seit dem Mittelalter angebaut; sie kann aus der Kultur verwildern, setzt sich aber kaum durch.

Bedeutung: In Ägypten gehörte die Zwiebel vermutlich schon zur Entstehungszeit der Pyramiden zur regelmäßigen Ernährung der Arbeiter. Bildliche Darstellungen sind seit 2000 v.Chr. überliefert. Im Mittelalter setzte sie sich in Europa als Heil- und Gewürzpflanze durch. Obwohl es einige pharmazeutische Zwiebelpräparate gibt, wird sie vorwiegend als Hausmittel bei Husten, Erkältung, als Blutreinigungsmittel und zur Anregung von Appetit und Verdauung verwendet. Mit dem frischen Saft kuriert man Insektenstiche.

Bestimmungstipp:
Der röhrig aufgeblähte Spross und der kugelförmige Blütenstand sind typische Merkmale der Küchenzwiebel.

Blüte weiß, mehrblättrig

> **Bestimmungstipp:**
> Das scheidenartige, lang ausgezogene Hüllblatt um den Blütenstand kommt außer beim Knoblauch bei keiner anderen Lauchart vor.

Knoblauch
Allium sativum

Merkmale: Aus der Zwiebel, die aus mehreren Nebenzwiebeln, den Zehen, besteht, wächst ein bis 80 cm hoher Spross. Die wechselständigen, ganzrandigen Blätter sind lang und schmal, umschließen den Spross mit einer Scheide und sind im Bereich ihrer Mittelrippe deutlich gekielt.

Blüten: Die Blüten erscheinen zwischen Juni und August in einem doldenartigen Blütenstand. Er bleibt lange von einem scheidenartigen Blatt umhüllt, das sich schließlich öffnet und weiße Blüten und etwa 1 cm große Brutzwiebeln freigibt.

Früchte: Die Kapselfrüchte sind unscheinbar.

Vorkommen: Der Knoblauch stammt wahrscheinlich aus Zentralasien und kommt in Mitteleuropa nur im Anbau, selten auch verwildert vor.

Bedeutung: Um den Knoblauch ranken sich zahlreiche Geschichten, die ihm eine lebensverlängernde Wirkung und mystische Bedeutung nachsagen. In der Tat ist der Knoblauch eine echte Heilpflanze mit Lauchöl als wichtigstem Inhaltsstoff. Im Körper wird das Knoblauchöl in eine desinfizierende, verdauungsfördernde Substanz umgewandelt, die einen durchdringenden Geruch entfaltet. Diese Substanz, das Allicin, beugt Bluthochdruck und Arteriosklerose vor. In einigen Ländern mit heißem Klima wird Knoblauch immer noch zur Bekämpfung von Wurmkrankheiten verwendet.

Bei den aufgeblühten Blütenständen werden zwischen den Blüten die Brutzwiebeln sichtbar.

Blüte weiß, mehrblättrig

Bestimmungstipp: Die Blätter könnten mit denen des giftigen Maiglöckchens verwechselt werden. Beim Bärlauch riechen sie beim Zerreiben stark nach Knoblauch.

Charakteristisch für den Bärlauch sind die sehr schmalen Zwiebeln.

Bärlauch, Wilder Knoblauch
Allium ursinum

Merkmale: Der 10–50 cm hohe Bärlauch ist eine Zwiebelpflanze mit einer nur 5 mm breiten, aber 3 cm langen Zwiebel, die aus den unteren Abschnitten der Blätter besteht. Meist werden nur zwei längliche, grundständige Blätter mit parallel verlaufenden Adern gebildet. Sie sind gestielt, zugespitzt und haben einen glatten Rand. Der Stängel ist rund oder dreikantig.

Blüten: Die etwa 1 cm breiten weißen Blüten erscheinen zwischen April und Juni in einem flachen, schirmartigen Blütenstand. Die sechs Blütenblätter sind schmal und zugespitzt. Im Blütenstand werden niemals Brutzwiebeln gebildet.

Früchte: Die Kapselfrucht öffnet sich mit drei Klappen.

Vorkommen: Schattige Laub- und Mischwälder, Auwälder; auf lockeren, tiefgründigen Böden.

Bedeutung: Der Bärlauch enthält ein Lauchöl, das jenem des Knoblauchs gleicht. Es verursacht den strengen Duft, der manchmal in Frühlingswäldern von einem Bärlauchbestand ausgeht. Während der Knoblauch eine eingeführte Nutzpflanze ist, wächst der Bärlauch von Natur aus in Mitteleuropa. Er wurde nachweislich bereits in den jungsteinzeitlichen Siedlungen am Bodensee verzehrt. Bärlauch, der oft als Gewürz zu Wildkräutersalaten zugegeben wird, fördert die Verdauung, beugt Arteriosklerose und Bluthochdruck vor und wird zur Behandlung von Hautkrankheiten verwendet.

Blüte weiß, mehrblättrig

Bestimmungstipp: Der dicke Stängel mit den schuppenförmigen Blättern und den dicht stehenden Blütenkörbchen ist ein markantes Merkmal der Gewöhnlichen Pestwurz.

Gewöhnliche Pestwurz, Rote Pestwurz
Petasites hybridus

Merkmale: Die 20–100 cm hohe Gewöhnliche Pestwurz ist eine Staude mit einem dicken, rot überlaufenen Stängel, der nur wenige schuppenartige Blätter ausbildet. Erst nach der Blüte erscheinen die mächtigen, bis 60 cm breiten, lang gestielten Blätter. Sie sind annähernd herzförmig, eingebuchtet und am Rand gezackt. Die Blattnerven tragen eine filzige Behaarung.

Blüten: Die Blüten erscheinen zwischen März und Mai in Körbchen, die bei männlichen Pflanzen in einem gedrungenen, bei weiblichen in einem länglichen Blütenstand stehen. Die Hüllblätter der Körbchen sind rötlich überlaufen, sodass der Blütenstand trotz der weißen Einzelblüten rötlich wirkt.

Früchte: Als Früchte werden etwa 3 mm lange Achänen mit einem weißlichen Haarkranz ausgebildet.

Vorkommen: Ufer, Gräben und feuchte bis nasse Stellen in Wäldern; häufig und meist in dichten Beständen.

Bedeutung: In der Wurzel der Gewöhnlichen Pestwurz sind Alkaloide, Schleimstoffe und – neben einem krampflösenden Wirkstoff – ätherisches Öl enthalten. In der Pflanzenmedizin macht man sich die beruhigenden und entkrampfenden Eigenschaften der Droge zunutze. Sie wirkt wohltuend auf den Magen- und Darmtrakt. In der Volksheilkunde gilt sie als harn- und schweißtreibendes Mittel, im Mittelalter wurde sie sogar als Heilmittel gegen die Pest eingesetzt.

Im Sommer fällt die Pestwurz durch ihre dicht stehenden, mächtigen Blätter auf.

Blüte weiß, mehrblättrig

> **Bestimmungstipp:**
> Die niedrige Wuchsform und die Blüten machen das Gänseblümchen unverwechselbar.

Gänseblümchen
Bellis perennis

Merkmale: Das 5–15 cm hohe Gänseblümchen ist eine Staude, deren Blätter alle in einer grundständigen Rosette stehen. Sie sind länglich bis eiförmig und verschmälern sich in den geflügelten Stiel. Der aufrechte, Blüten tragende Stängel ist dicht mit anliegenden Haaren besetzt.

Blüten: Das Gänseblümchen blüht von Februar bis Dezember mit einzelnen, 1–3 cm breiten Blütenkörbchen am Ende des Stängels. Seine äußeren, weiblichen Blüten sind zungenförmig und weiß, die inneren, zwittrigen Röhrenblüten dagegen sind gelb gefärbt. Der Boden des Körbchens ist hohl.

Früchte: Die winzigen Achänen tragen keine Flughaare.

Vorkommen: Fette Wiesen und Weiden, Rasenflächen und Wegränder; auf nährstoffreichen, nicht zu trockenen Lehmböden; sehr häufig.

Bedeutung: Dank seiner geringen Höhe und der fast ganzjährigen Blütezeit konnte das Gänseblümchen sogar Standorte wie regelmäßig gemähte Parkrasen erobern. In den Blüten sind Saponine, Gerbstoff, Bitterstoffe, Schleimstoffe und ätherische Öle enthalten. Sie werden in der Volksheilkunde als Heilmittel gegen Katarrhe sowie bei Haut- und Leberkrankheiten verwendet. Die Homöopathie nutzt sie als Mittel gegen Verstauchungen, Prellungen und Ekzeme. Junge Blätter kann man Wildkrautersalaten zugeben.

Die Wiesenmargerite *(Chrysanthemum leucanthemum)* wächst höher und hat breitere Blütenkörbchen.

Blüte weiß, mehrblättrig

Die ähnliche Duftlose Kamille *(Tripleurospermum perforatum)* hat einen gefüllten Blütenboden.

Echte Kamille
Chamomilla recutita, Matricaria recutita

Merkmale: Die Echte Kamille ist eine einjährige Pflanze mit bis zu 60 cm hohem aufrechtem, stark verzweigtem Stängel. Ihre wechselständigen, mehrfach gefiederten Blätter sind in kaum 1 mm breite Fiedern zerteilt. Alle Pflanzenteile, vor allem jedoch die Blütenköpfchen, duften aromatisch.

Blüten: Die Blüten erscheinen zwischen Mai und September in einzelnen Körbchen an den Enden der Triebe. Ihre am Rand stehenden, weißen Zungenblüten sind 2–3 mm breit und bis 9 mm lang, die inneren Röhrenblüten goldgelb gefärbt. Der Blütenboden ist hohl.

Früchte: Als Früchte werden etwa 1,5 mm lange Achänen ohne Flughaare gebildet.

Vorkommen: Äcker, Ödland, Wegränder; auf nährstoffreichen Lehmböden; gebietsweise häufig.

Bedeutung: In den Blüten der Kamille sind u. a. Flavonoide und ätherisches Öl enthalten, dessen Hauptkomponente Chamazulen sich erst bei der pharmazeutischen Aufbereitung der Blüten bildet. Kamillentee wird als entzündungshemmendes und krampflösendes Mittel eingenommen. Er hilft bei Erkrankungen der Schleimhäute in Mund und Rachen, bei Magen- und Darmbeschwerden und äußerlich, als Spülung, bei Hautkrankheiten und entzündeten Wunden. Von früher üblichen Augenwaschungen wird heute wegen der Reizwirkung abgeraten.

> **Bestimmungstipp:** Neben dem typischen Kamillenduft ist der hohle Blütenboden das sicherste Kennzeichen der Echten Kamille.

Blüte weiß, spiegelsymmetrisch

Bestimmungstipp:
Die brennnesselartigen Blätter und die 2–2,5 cm langen, weißen Lippenblüten sind Kennzeichen der Weißen Taubnessel.

Beim Blick in die Blüte der Weißen Taubnessel sieht man die vier Staubgefäße.

Weiße Taubnessel
Lamium album

Merkmale: Die 20–50 cm hohe Weiße Taubnessel ist eine Staude mit geradem, unverzweigtem Stängel. Er ist deutlich vierkantig und wenig behaart oder kahl. Die gestielten, gegenständigen Blätter sind brennnesselartig gezackt, brennen aber nicht.

Blüten: Von April bis Oktober erscheinen die weißen Lippenblüten in dichten Quirlen in den Achseln der oberen Blätter. Der Kelch ist tief in fünf spitze Zähne untergliedert. Die Blütenkrone besteht aus einer helmartig gewölbten Ober- und einer dreiteiligen Unterlippe, deren mittlerer Abschnitt herzförmig geteilt ist. Sie enthält zwei kurze und zwei lange Staubblätter.

Früchte: Die Früchte sind in vier Nüsschen untergliedert.

Vorkommen: Wegränder, Ödland, Gebüsche und Waldränder; auf nährstoffreichen, nicht zu trockenen Lehmböden; sehr häufig.

Bedeutung: Die Weiße Taubnessel, deren Blüten und Blätter medizinisch verwendet werden, enthält Gerbstoff, Saponin, Schleimstoffe und etwas ätherisches Öl. Sie wird vor allem bei Katarrhen der Atemwege, aber auch bei Magen- und Darmstörungen sowie bei Erkrankungen der Harnwege verordnet. In einigen medizinischen Präparaten, die Menstruationsstörungen kurieren sollen, ist die Droge ebenfalls enthalten. Die Homöopathie verordnet die Weiße Taubnessel als Mittel gegen Schlafstörungen.

Blüte weiß, spiegelsymmetrisch

Melisse, Zitronenmelisse
Melissa officinalis

Merkmale: Die 30–90 cm hohe Melisse ist eine Staude mit aufrechtem, manchmal auch niederliegendem, vierkantigem Stängel. Er ist verzweigt und abstehend behaart. Die gegenständigen, kurz gestielten Blätter von schmal-ovaler Form haben einen grob gezackten Rand. Die Blätter duften beim Zerreiben nach Zitrone.

Blüten: Zwischen Juni und August erscheinen die weißen, manchmal auch hellblauen bis lila Lippenblüten in Quirlen in den Achseln der oberen Blätter. Sie bestehen aus einer flachen Ober- und einer dreiteiligen Unterlippe mit großem Mittelabschnitt. Auch der Kelch ist in Ober- und Unterlippe gegliedert.

Früchte: Die Früchte der Melisse sind in vier Nüsschen untergliedert.

Vorkommen: Die Melisse stammt aus dem Mittelmeergebiet und wird vielfach in Gärten als Gewürzkraut angepflanzt; auf trockenen, besonnten Böden verwildert sie leicht.

Bedeutung: In den Blättern der Melisse sind vor allem ätherisches Öl, aber auch Gerbstoff und Flavonoide enthalten. Melisse wirkt beruhigend, löst Krämpfe und hat antibakterielle sowie antivirale Eigenschaften. Daher wendet man sie bei nervösen Störungen im Magen- und Darmbereich, bei Gallenleiden oder bei Schlaflosigkeit an. Bei Herpes-Infektionen lindern Extrakte aus Melisseblättern die Symptome.

Bestimmungstipp: Melisse kommt fast ausschließlich in Kultur vor und kann an ihrem zitronenartigen Geruch gut erkannt werden.

Der Blütenstand der Melisse setzt sich aus Quirlen von Einzelblüten zusammen.

Blüte weiß, spiegelsymmetrisch

> **Bestimmungstipp:**
> Die gezackten Blätter und die kugeligen Blütenstände sind Merkmale des Gewöhnlichen Wolfstrapps.

Gewöhnlicher Wolfstrapp
Lycopus europaeus

Merkmale: Der 20–80 cm hohe Gewöhnliche Wolfstrapp ist eine Staude mit geradem, vierkantigem Stängel, dessen Kanten behaart sind. Seine gegenständigen Blätter sind kurz gestielt, nur die oberen sitzen direkt dem Stängel an. Während die unteren Blätter tief eingeschnitten sind, haben die oberen eine schmal-ovale Form. Alle haben einen gezackten Rand mit nach vorn gerichteten Zacken.

Blüten: Die weißen Blüten erscheinen zwischen Juli und August in fast kugeligen Blütenständen in den Achseln der oberen Blätter. Die einzelnen Lippenblüten sitzen in Kelchen mit fünf behaarten Zacken. Ihre dreilappigen Unterlippen sind mit roten Punkten gezeichnet.

Früchte: Die Früchte sind in vier abgeflachte Nüsschen untergliedert.

Vorkommen: Ufer, Gräben, sumpfige Wiesen und feuchte Waldränder; stets auf feuchten bis nassen Böden.

Bedeutung: Der Gewöhnliche Wolfstrapp ist eine alte Heilpflanze, die auch in der modernen Pflanzenmedizin noch verwendet wird. In den grünen Teilen sind verschiedene Pflanzensäuren, Gerbstoffe und ätherische Öle enthalten. Die Droge wirkt auf die Hormonausschüttung der Hirnanhangsdrüse und beeinflusst damit die Schilddrüsenfunktion. Sie wird in Form verschiedener Präparate bei Überfunktion der Schilddrüse und nervösen Herzbeschwerden verordnet.

Der Blütenstand sitzt beim Gewöhnlichen Wolfstrapp direkt in den Achseln der oberen Blätter.

Blüte weiß, spiegelsymmetrisch

Bestimmungstipp: Durch die flache Oberlippe der Blüte und die runzeligen, behaarten Blätter unterscheidet sich der Gewöhnliche Andorn von anderen Lippenblütlern.

Gewöhnlicher Andorn
Marrubium vulgare

Merkmale: Der 30–60 cm hohe Gewöhnliche Andorn ist eine Staude mit niederliegendem bis aufrechtem Stängel, der vierkantig und vor allem bei jungen Pflanzen dicht behaart ist. Die gegenständigen, kurz gestielten Blätter sind oval und auffallend runzelig und haben einen leicht eingebuchteten Rand. Während junge Blätter einen dichten Haarfilz tragen, sind ältere nicht selten fast kahl.

Blüten: Die weißen Blüten werden zwischen Juni und August gebildet. Sie stehen sehr dicht in kugeligen Blütenständen in den Achseln der oberen Blätter. Der weiß behaarte Kelch läuft in zehn Zacken aus. Auch die nur 7 mm langen Lippenblüten sind dicht behaart. Sie haben eine zweiteilige Ober- und eine dreiteilige Unterlippe.

Früchte: Die Früchte sind in vier glatte Nüsschen untergliedert.

Vorkommen: Ödland, Wegränder, Mauern und Schutt; auf nährstoffreichen, lockeren Lehmböden.

Bedeutung: In den oberirdischen Teilen des Gewöhnlichen Andorns sind Bitterstoffe, Gerbstoff und ätherisches Öl enthalten. Schon Hildegard von Bingen nennt ihn als Heilpflanze. Er wird vor allem in der Volksheilkunde bei Bronchialkatarrh, Gallen- und Leberleiden sowie bei Durchfall verordnet. Im Mittelalter galt der Andorn als Zauberpflanze, die ermöglicht, Hexen, Wichtel und Nixen abzuwehren.

Ein gutes Bestimmungsmerkmal des Gewöhnlichen Andorns sind die weichen, runzeligen Blätter, die bei Jungpflanzen dicht behaart sind.

Blüte weiß, spiegelsymmetrisch

> **Bestimmungstipp:**
> Die kleinen Blüten und die gezackten Blätter sind Kennzeichen des Gewöhnlichen Augentrostes.

Gewöhnlicher Augentrost
Euphrasia rostkoviana, Euphrasia officinalis

Merkmale: Der 5–25 cm hohe Gewöhnliche Augentrost ist eine einjährige Pflanze mit aufrechtem Stängel, der sich bereits tief unten verzweigt. Seine gegenständigen Blättchen sind oval bis fast rund und am Rand spitz gezackt. Sie sitzen mit einem nur sehr kurzen Stiel dem Stängel an.

Blüten: Die Blüten erscheinen zwischen Mai und Oktober auf kurzen Stielen zu mehreren in den Achseln der oberen Blätter. Aus einem glockenförmigen Kelch, der in vier spitzen Zipfeln endet, ragen die zweilippigen, weißen Kronen heraus. Ihre Oberlippe ist kurz und etwas gewölbt, die Unterlippe in drei lange Lappen untergliedert. Häufig ist die Oberlippe violett überlaufen, die Unterlippe gelb gefleckt.

Früchte: Als Frucht wird eine wenige Millimeter lange, behaarte Kapsel gebildet.

Vorkommen: Feldränder, Wege, Bergwiesen; auf nährstoffarmen Böden.

Bedeutung: Der Gewöhnliche Augentrost ist ein Halbparasit, dessen Wurzeln anderen Wiesenpflanzen Wasser und Nährstoffe entziehen. Die Blüten erinnern an die Form eines Auges, daher galt die Pflanze nach der Signaturenlehre des späten Mittelalters als heilsam bei Augenkrankheiten. In der Pflanzenmedizin ist der Augentrost von geringer Bedeutung, auch wenn er in der Homöopathie bei Augenentzündungen verwendet wird.

Das Gnadenkraut *(Gratiola officinalis)* hat ähnliche Blüten, aber glattrandige, schmale Blätter.

Blüte weiß, spiegelsymmetrisch

> **Bestimmungstipp:**
> Handförmig gefiederte Blätter wie die der Rosskastanie kommen bei keinem anderen Baum vor.

Gewöhnliche Rosskastanie
Aesculus hippocastanum

Merkmale: Die Gewöhnliche Rosskastanie ist ein 10–30 m hoher Baum mit breiter, runder Krone und einem geraden Stamm mit rissiger Rinde. Die Fiedern seiner handförmig geteilten Blätter laufen in einem Punkt zusammen, sind bis 20 cm lang und verschmälern sich bis zum Ansatz. Sie sind am Rand fein gezackt.

Blüten: Die Blüten erscheinen zwischen April und Juni in aufrechten, hohen Rispen. Jede Einzelblüte besteht aus fünf ungleich großen, weißen Kronblättern mit gelber, später roter Zeichnung um den Schlund.

Früchte: Die typischen braunen Kastanien, die Samen, sind von einer grünen, stacheligen Hülle umgeben.

Vorkommen: Die Rosskastanie stammt aus dem Balkan und wird in Mitteleuropa als Straßen- und Parkbaum gepflanzt, kann aber auch in Wäldern vorkommen.

Bedeutung: Da man die Gewöhnliche Rosskastanie meist nur als Zierbaum kennt, ist ihre pharmazeutische Bedeutung oft unbekannt. Ihre Samen enthalten Saponin und Flavonoide. Auch Blätter und Rinde werden zu Heilzwecken verwendet. Kastanienpräparate werden vor allem zur Behandlung von Krampfadern oder Hämorrhoiden eingesetzt. In Form von Bädern oder Salben sollen sie die Durchblutung fördern und Rheuma lindern. Auch in der Homöopathie werden sie vielfältig verordnet. Die Volksheilkunde nutzt die Blüten als Gicht- und Rheumamittel.

In den braunen Samen der Rosskastanie sind die medizinischen Wirkstoffe enthalten.

Blüte blau, vierblättrig

> **Bestimmungstipp:**
> Neben den übrigen Merkmalen ist vor allem der stets feuchte Standort typisch für die Bachbunge.

Der Große Ehrenpreis *(Veronica teucrium)* bildet deutlich höhere Blütenstände aus.

Bachbunge, Bachehrenpreis
Veronica beccabunga

Merkmale: Die 10–50 cm hohe Bachbunge ist eine Staude mit niederliegendem bis aufrechtem Stängel, der sich oft an den unteren Knoten bewurzelt. An dem blau bereiften, oft rötlich überlaufenen Stängel sitzen die gegenständigen, kurz gestielten Blätter. Sie sind oval, fleischig und haben einen rundlich gezackten Rand, können aber auch einen glatten Rand haben.

Blüten: Die Blüten erscheinen zwischen Mai und September in lang gestielten, wenigblütigen Trauben in den Achseln der oberen Blätter. Ihr Kelch besteht aus vier rundlichen, nur an der Basis verwachsenen Blättern. Die vier Kronblätter sind blau bis blauviolett gefärbt und weisen meist dunklere Adern auf. Sie sind an der Basis verwachsen und öffnen sich weit.

Früchte: Als Frucht wird eine unscheinbare, kantige Kapsel gebildet.

Vorkommen: Gräben, Ufer, feuchte Wiesen; stets auf nassem Untergrund mit Schlamm oder Lehm; häufig.

Bedeutung: Die Bachbunge kann sehr dichte, teppichartige Bestände bilden. Sie enthält in den oberirdischen Teilen Gerbstoffe und ein giftiges Glykosid. In der modernen Pflanzenmedizin wird die Pflanze nicht mehr verwendet, früher hat man in der Volksheilkunde daraus einen blutreinigenden und harntreibenden Tee bereitet. In kleinen Mengen dient die Bachbunge auch als Würzkraut für Wildkräutersalate.

Blüte blau, vierblättrig

Der Bergehrenpreis *(Veronica montana)* hat rundliche Blätter und kommt im Gebirge bis zur Laubwaldgrenze vor.

Waldehrenpreis
Veronica officinalis

Merkmale: Der 10–20 cm hohe Waldehrenpreis ist eine Staude mit niederliegendem, verzweigtem Stängel, der sich an den Enden aufrichtet. Er ist dicht mit rauen Haaren überzogen. Auch seine gegenständigen, ovalen Blätter, die sich in den Stiel verschmälern, sind rau behaart. Ihr Rand ist, vor allem an den Blattspitzen, fein gezackt.

Blüten: Die Blüten erscheinen von Mai bis Juli in lockeren Trauben an den Triebenden, nicht in den Achseln der Blätter. Aus einem vierzipfeligen Kelch ragen die vier hellblauen Kronblätter heraus. Das oberste ist etwas größer, das unterste schmaler als die beiden seitlichen.

Früchte: Als Frucht wird eine behaarte, etwa herzförmige Kapsel gebildet.

Vorkommen: Wälder, magere Wiesen, Weiden und Heiden; auf sauren, steinigen und trockenen Böden.

Bedeutung: Der Waldehrenpreis enthält in seinen oberirdischen Teilen giftige Glykoside, Bitterstoffe, Gerbstoffe und Flavonoide. Die Droge ist in einigen Präparaten gegen Husten, Magen- und Darmkatarrhe, Blasenleiden, Rheuma und Hautkrankheiten enthalten und wird auch in der Homöopathie verwendet. Schon im 16. Jahrhundert beschrieb der Botaniker Hieronymus Bock das Kraut, dem außerdem Wirksamkeit gegen Leber-, Nieren- und Milzerkrankungen sowie wundheilende Kräfte nachgesagt werden, als Volksheilmittel.

> **Bestimmungstipp:** Da es mehrere ähnliche Arten gibt, kann man den Waldehrenpreis nur durch die Kombination seiner Merkmale sicher bestimmen.

Blüte blau, fünfblättrig

> **Bestimmungstipp:**
> Die hellen Flecken auf den behaarten Blättern und der Farbwandel der Blüten sind charakteristisch für das Echte Lungenkraut.

Echtes oder Geflecktes Lungenkraut
Pulmonaria officinalis

Merkmale: Das 10–20 cm hohe Echte Lungenkraut ist eine Staude mit geradem, dicht behaartem Stängel. In der grundständigen Rosette sind die Blätter gestielt und haben einen herzförmig eingeschnittenen Grund. Die übrigen, länglich-ovalen Blätter sitzen dem Stängel an und umfassen ihn mit zwei Zipfeln. Meist ist die Blattspreite mit hellen Flecken gezeichnet.

Blüten: Die Blüten erscheinen bereits zwischen März und Mai. Sie sind röhrenförmig und breiten sich zu einer fünfzipfeligen Krone aus. Zu Blühbeginn sind sie rötlich gefärbt, verfärben sich aber im Lauf der Zeit zunehmend blauviolett.

Früchte: Die Frucht besteht aus vier Fächern, die sich öffnen und die Nüsschen freigeben.

Vorkommen: Laub- und Mischwälder sowie Auwälder; auf nährstoffreichen, feuchten Böden.

Bedeutung: Da die weißfleckigen Blätter des Echten Lungenkrauts einer kranken Lunge gleichen, wurden der Pflanze nach der klassischen Signaturenlehre Heilwirkungen bei Lungenkrankheiten zugesprochen. Die Pflanze enthält in ihren oberirdischen Teilen Schleimstoffe, Flavonoide und Kieselsäure. Die Schleimstoffe lindern zwar in der Tat den Hustenreiz, eine medizinische Wirkung bei Lungentuberkulose ist jedoch fraglich. Die Volksheilkunde nutzt das Lungenkraut auch gegen Durchfall und zur Wundbehandlung.

Beim Echten Lungenkraut kommen häufig innerhalb eines Blütenstandes rötliche und blauviolette Blüten vor.

Blüte blau, fünfblättrig

> **Bestimmungstipp:**
> Ein Erkennungsmerkmal des Gewöhnlichen Beinwells sind die am Stängel herablaufenden Blätter.

Gewöhnlicher Beinwell
Symphytum officinale

Merkmale: Der 30–80 cm, zuweilen sogar bis 1,5 m hohe Gewöhnliche Beinwell ist eine Staude mit aufrechtem, verzweigtem Stängel. Die Stängelhaare fühlen sich deutlich rau an. Seine wechselständigen, länglichen Blätter können bis 25 cm lang werden, die oberen sind deutlich kleiner. Sie sind zugespitzt und verschmälern sich in den Stiel, wobei sie flügelartig am Stängel herablaufen.
Blüten: Die meist violetten Blüten erscheinen zwischen Mai und Juli am Ende des Stängels und in den Achseln der oberen Blätter. Sie stehen in rispenartigen Blütenständen und hängen nickend nach unten. Ihre fünf Kronblätter sind zu einer Röhre verwachsen, die in fünf Zipfeln endet.
Früchte: Die schwarzen, glänzenden Kapselfrüchte öffnen sich und geben ihre Samen frei.
Vorkommen: Ufer, Gräben, sumpfige Wiesen, Wälder, Wegränder; auf feuchten Lehmböden.
Bedeutung: Der Gewöhnliche Beinwell enthält in seinen Wurzeln Schleimstoffe, Gerbstoffe und giftige Alkaloide. Er wird wegen seiner Giftigkeit ausschließlich äußerlich angewandt. In Form von Salben oder Umschlägen hemmt er Entzündungen, heilt Wunden und fördert die Heilung von Knochenbrüchen. Dafür war der Beinwell bereits im Mittelalter bekannt. Damals hieß die Pflanze – wie heute noch im Englischen – Comfrey vom lateinischen *conferre* = zusammenfügen.

Der Gewöhnliche Beinwell kommt regelmäßig auch in einer gelben bis weißlich blühenden Form vor.

Blüte blau, fünfblättrig

> **Bestimmungstipp:**
> Neben den drei Blattformen sind die fünf ungleich großen Kronblätter ein gutes Bestimmungsmerkmal des Eisenkrauts.

Der verzweigte Stängel verleiht dem Eisenkraut ein sparriges Aussehen.

Eisenkraut
Verbena officinalis

Merkmale: Das 30–70 cm hohe Eisenkraut ist eine Staude, die im unteren Teil verholzen kann. Ihr Stängel ist oben verzweigt, vierkantig und an den Kanten sowie im oberen Bereich kurz und rau behaart. Die gegenständigen Blätter unterscheiden sich je nach Stellung: Die untersten sind gestielt und haben einen eingeschnittenen, grob gezackten Rand, die mittleren haben einen kurzen Stiel und sind in drei Lappen untergliedert, während die obersten, gezackten Blätter direkt dem Stängel ansitzen.

Blüten: Die Blüten erscheinen von Juli bis September in lockeren Ähren am Stängelende und in den oberen Blattachseln. Die fünf blasslila Kronblätter bilden eine Röhre und breiten sich dann flach aus.

Früchte: Als Früchte werden vier winzige, einsamige Nüsschen gebildet.

Vorkommen: Wegränder, Ödland, Weiden; auf nährstoffreichen, nicht zu trockenen Böden.

Bedeutung: Die Bedeutung des Eisenkrauts als Heilpflanze hat heute stark abgenommen. Die Pflanze enthält u. a. Bitterstoffe, Schleimstoffe und ätherisches Öl. Früher wurde sie in der Volksheilkunde als harntreibendes und bei Stillenden als milchförderndes Mittel geschätzt. Man nahm Eisenkraut bei Erschöpfung, Katarrhen oder zur Wundheilung. Heute wird es fast ausschließlich in der Homöopathie verwendet.

Blüte blau, fünfblättrig

Echter Lein, Flachs
Linum usitatissimum

Merkmale: Der bis zu 1 m hohe Echte Lein ist eine einjährige Pflanze mit aufrechtem, kahlem und nur im Blütenbereich verzweigtem Stängel. Alle Verzweigungen tragen später Blüten. Die wechselständigen, schmalen Blätter sind bis 4 cm lang, aber nur 3–4 mm breit. Sie haben einen glatten Rand und sind zugespitzt.

Blüten: Die 2–3 cm breiten, hellblauen Blüten erscheinen von Juni bis August in einem lockeren, rispenartigen Blütenstand. Ihre ovalen, dunkel geäderten Kronblätter verschmälern sich zur Basis hin. Die fünf eiförmigen Kelchblätter laufen spitz zu.

Früchte: Als Frucht wird eine kugelige, aufrecht stehende Kapsel gebildet, in der die Leinsamen heranreifen.

Vorkommen: Fast ausschließlich als Kulturpflanze, die nur gelegentlich verwildert.

Bedeutung: Der Lein wird in verschiedenen Sorten als Faserpflanze zur Herstellung von Leinenstoff angebaut. Die Bedeutung der ölhaltigen Samen für Nahrungs- und Heilzwecke ist schon lange bekannt. In den Samen ist bis zu 40 Prozent Leinöl enthalten, dazu Schleimstoffe und verschiedene Eiweiße. Daneben enthalten sie eine Vorstufe von Blausäure, die allerdings keine Giftwirkung besitzt. Da Leinsamen im Darm aufquellen, stellen sie ein mildes Abführmittel dar. Früher waren auch Leinpackungen üblich, die man bei Geschwüren oder geschwollenen Drüsen auflegte.

> **Bestimmungstipp:** Der schlanke Stängel und die himmelblauen Blüten des Echten Leins sind Erkennungszeichen dieser Feldpflanze.

Bei der Reife färben sich die Kapseln des Leins bräunlich gelb.

Blüte blau, fünfblättrig

Bestimmungstipp:
Seine großen sternförmigen Blüten mit dem Schuppenring machen den Borretsch unverwechselbar.

Die Gewöhnliche Ochsenzunge *(Anchusa officinalis)* hat schmale, behaarte Blätter.

Borretsch, Gurkenkraut
Borago officinalis

Merkmale: Der 20–50 cm hohe Borretsch ist eine einjährige Pflanze mit aufrechtem, wenig oder kaum verzweigtem Stängel. Die ganze Pflanze ist dicht und borstig behaart. Ihre wechselständigen Blätter stehen im unteren Stängelbereich sehr dicht und rosettenartig. Dort sind sie gestielt, während die oberen Blätter mit nur kurzem oder ohne Stiel dem Stängel ansitzen. Alle Blätter der Pflanze sind länglich, runzelig und haben einen welligen Rand.

Blüten: Die bis 2,5 cm breiten, intensiv blauen Blüten erscheinen von Juni bis August in einem lockeren, rispenartigen Blütenstand am Ende des Stängels. Im Zentrum der fünf Kronblätter steht ein Ring aus weißen Schuppen, aus dem Staubblätter und Griffel herausragen.

Früchte: Die Frucht zerfällt in vier einsamige Nüsschen.

Vorkommen: Fast ausschließlich als Gewürzpflanze angebaut; kann aber in der Nähe von Gartenland verwildern.

Bedeutung: Borretsch eignet sich als Gewürz zum Einlegen von Gurken. In größeren Mengen ist das Kraut jedoch giftig, da es – neben Schleimstoffen, Gerbstoffen, Saponin und Flavonoiden – auch Alkaloide enthält. Die Droge wirkt harn- und schweißtreibend. In der Volksheilkunde galt Borretsch als Blutreinigungsmittel, außerdem wird ihm eine euphorisierende Wirkung nachgesagt. Die Homöopathie setzt die Droge gegen Depressionen ein.

Blüte blau, fünfblättrig

Kleines Immergrün
Vinca minor

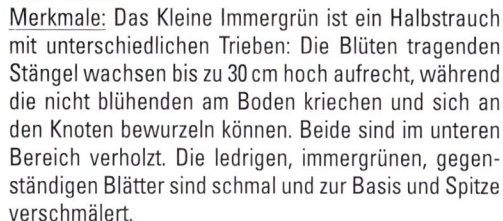

Merkmale: Das Kleine Immergrün ist ein Halbstrauch mit unterschiedlichen Trieben: Die Blüten tragenden Stängel wachsen bis zu 30 cm hoch aufrecht, während die nicht blühenden am Boden kriechen und sich an den Knoten bewurzeln können. Beide sind im unteren Bereich verholzt. Die ledrigen, immergrünen, gegenständigen Blätter sind schmal und zur Basis und Spitze verschmälert.

Blüten: Die hellblauen Blüten erscheinen von September bis Oktober einzeln an langen Stielen in den Achseln der oberen Blätter. Die fünf Kronblätter sind zu einer kurzen Röhre verwachsen und breiten sich dann weit aus. Ihre Staubbeutel sind miteinander verbunden.

Früchte: Als Frucht wird eine aufspringende, trockene Kapsel gebildet.

Vorkommen: Lichte Mischwälder; auf beschatteten, nährstoffreichen Böden.

Bedeutung: Das Kleine Immergrün enthält in den grünen Teilen giftige Alkaloide. In der Volksheilkunde ist es unbedeutend, wurde aber zeitweise zu medizinischen Präparaten gegen Stoffwechsel- und Durchblutungsstörungen verarbeitet. Da der Verdacht bestand, dass die Droge das Blutbild verändert, wurde sie aus dem Handel genommen. In der Homöopathie wird Immergrün jedoch weiterhin gegen Blutungen und Hautausschläge verwendet.

> **Bestimmungstipp:** Die asymmetrischen Kronblätter, die wie bei einer Schiffsschraube angeordnet sind, sind ein typisches Kennzeichen des Kleinen Immergrüns.

Sehr ähnlich ist das Große Immergrün *(Vinca major)* mit eiförmigen Blättern, das als Zierpflanze genutzt wird.

Blüte blau, mehrblättrig

> **Bestimmungstipp:**
> Seine grasartigen Blätter machen den Schnittlauch unverwechselbar.

Schnittlauch
Allium schoenoprasum

Merkmale: Der 10–50 cm hohe Schnittlauch ist eine Staude mit glattem, rundem Stängel, der aus einer länglichen Zwiebel austreibt. Seine runden, hohlen Blätter setzen wechselständig am Grund des Stängels an, sodass er eine grasartige Wuchsform erhält. Da meist mehrere Zwiebeln nebeneinander stehen, bildet der Schnittlauch dichte Horste.

Blüten: Die Blüten werden zwischen Mai und September ausgebildet. Sie stehen dicht in einem kugeligen Blütenstand am Ende des Stängels. Ihre Farbe variiert von Blauviolett bis zu fast Rosarot. Die Hüllblätter der Einzelblüten bleiben zu einer Röhre zusammengeneigt.

Früchte: Die Kapselfrüchte sind unscheinbar.

Vorkommen: Meist als Kulturform in Gärten und auf Feldern; verwildert an Flussufern und wild in den Alpen.

Bedeutung: Schnittlauch enthält Vitamin C und ähnliche Lauchöle wie Knoblauch, allerdings in geringerer Konzentration. Heute wird er ausschließlich als aromatisches Gewürz frisch genutzt. Zu diesem Zweck wurde er auch in den alten Bauerngärten gepflanzt. Als Heilpflanze wird er dagegen in den Kräuterbüchern des Mittelalters erwähnt. Dort wird er als blähungstreibend empfohlen und soll Nasenbluten stoppen. Eine ungewöhnliche Anwendung empfahl im 16. Jahrhundert der Arzt Leonhard Fuchs: Mit Honig vermischter Schnittlauch soll ein Gegenmittel bei Schlangenbissen sein.

Der austreibende Blütenstängel durchbricht beim Schnittlauch ein Blatt.

Blüte blau, mehrblättrig

Nur auf den ersten Blick ist die Kornblume *(Centaurea cyanus)* mit der Wegwarte zu verwechseln.

Gewöhnliche Wegwarte
Cichorium intybus

Merkmale: Die 20–100 cm, manchmal sogar bis 1,5 m hohe Gewöhnliche Wegwarte ist eine Staude mit einem aufrechten, reich verzweigten Stängel. Ihre Grundblätter sind in einer Rosette angeordnet und haben einen fast bis zur Blattachse eingeschnittenen Rand. Die wechselständigen Stängelblätter sitzen ohne Stiel dem Stängel an, sind kleiner, aber ähnlich geformt. Nur die obersten Blätter sind schmal und haben fast glatte Ränder. Die Pflanze enthält Milchsaft, der bei Verletzungen austritt.

Blüten: Die himmelblauen Blüten erscheinen von Juli bis September in 3–4 cm breiten Körbchen. Alle Einzelblüten sind zungenförmig. Aus der Mitte des Blütenkörbchens ragen Staubgefäße und Griffel empor.

Früchte: Die Achänen werden nur 3 mm lang und bilden kaum Flughaare aus.

Vorkommen: Wegränder, Weiden und Ödland; auf nährstoffreichen, nicht zu trockenen Lehmböden; häufig.

Bedeutung: Die Gewöhnliche Wegwarte enthält in ihren verdickten Wurzeln und den grünen Teilen Milchsaft mit verschiedenen Bitterstoffen. Wegwartenextrakte sind in verschiedenen Präparaten enthalten und werden, wie in der Volksheilkunde, als kräftigendes, verdauungsförderndes Mittel verwendet. Aus der gerösteten Wurzel stellt man den Zichorienkaffee her. Gebleichte Kulturformen werden als Chicorée gegessen.

> **Bestimmungstipp:**
> Die ausgebreiteten hellblauen Blütenkörbchen und der Milchsaft kennzeichnen die Wegwarte.

Blüte blau, mehrblättrig

Bestimmungstipp:
Die auffallenden, blassblauen Blüten und die stark zerteilten Blätter kennzeichnen den Echten Schwarzkümmel.

Echter Schwarzkümmel
Nigella sativa

Merkmale: Der 20–40 cm hohe Echte Schwarzkümmel ist eine einjährige Pflanze mit aufrechtem, wenig verzweigtem Stängel. Seine wechselständigen, sehr kurz gestielten Blätter sind zweifach gefiedert und weisen haarfeine, schmale Teilblättchen auf.

Blüten: Die Blüten erscheinen zwischen Juni und September einzeln an den Enden der Triebe. Ihre ausgebreiteten Hüllblätter sind blau überlaufen oder auch weiß. Nach innen zu folgt ein Kranz von gelben, Nektar absondernden Honigblättern. Die zahlreichen Staubblätter sind aufgerichtet und umgeben den grünen Fruchtknoten im Zentrum.

Früchte: Die Kapselfrucht entlässt zahlreiche Samen.

Vorkommen: Der Schwarzkümmel stammt aus Westasien; Laubwälder der Südalpen, aber auch als Gewürzpflanze angebaut und gelegentlich verwildert.

Bedeutung: Die Früchte des Echten Schwarzkümmels schmecken scharf und wurden früher als Pfefferersatz und Backgewürz verwendet. Sie enthalten einen Bitterstoff, Saponin, ätherisches Öl und ein Alkaloid, das in größeren Mengen giftig ist. Schwarzkümmelsamen wirken krampflösend, harn- und galletreibend und werden vor allem in der Volksheilkunde gegen Blähungen und zur Förderung der Milchabsonderung verwendet. In größeren Mengen genossen, ist Schwarzkümmel nicht ungefährlich.

Der Ähnliche Ackerschwarzkümmel *(Nigella arvensis)* hat grünlich blaue Blüten.

Blüte blau, spiegelsymmetrisch

> **Bestimmungstipp:**
> Die kleine Wuchsform, die herzförmigen Blätter und die Lippenblüte mit dem Fleck sind Merkmale des Gundermanns.

Gundermann, Gundelrebe
Glechoma hederacea

Merkmale: Der 5–20 cm hohe Gundermann ist eine Staude mit kriechendem Stängel, der sich an den Enden oder Seitentrieben aufrichtet. Er ist vierkantig und kaum behaart. Die gegenständigen, gestielten Blätter sind herzförmig und haben einen stumpf gezackten Rand.

Blüten: Die hellvioletten Blüten erscheinen zwischen April und Juni zu wenigen in den Achseln der oberen Blätter. Sie sind kurz gestielt und haben die typische Form einer Lippenblüte. Die Oberlippe ist kurz und gerade, die Unterlippe in zwei schmale Seiten- und einen breiten Mittellappen untergliedert. Auf der Unterlippe ist oft ein dunkler, hell umrandeter Fleck zu erkennen.

Früchte: Die Früchte setzen sich aus vier Nüsschen zusammen.

Vorkommen: Wiesen, Weiden, Ufer; sehr häufig.

Bedeutung: Die deutschen Namen der Pflanze lassen sich vermutlich von Grind ableiten, dem gotischen Wort für Geschwür. Ihre wundheilende Wirkung ist seit langer Zeit bekannt. Die Pflanze enthält in allen grünen Teilen einen Bitterstoff, Gerbstoffe, Saponin und ätherisches Öl. Medizinisch wird Gundermann nur noch selten in der Homöopathie verwendet. Er gilt in der Volksheilkunde als Mittel gegen Magen- und Darmkatarrhe, Krankheiten der Atemwege und als Wundmittel. Man kann das würzig riechende Kraut auch Wildkrautersalaten beigeben.

Der Kriechende Günsel *(Ajuga reptans)* hat glatte Blattränder.

Blüte blau, spiegelsymmetrisch

Bestimmungstipp:
Veilchenarten sind schwierig zu unterscheiden. Charakteristisch für das Märzveilchen sind seine frühe Blütezeit und der Duft.

Das Hainveilchen *(Viola riviniana)* blüht ab April und hat einen hellen, etwas nach oben gebogenen Sporn.

Märzveilchen, Duftveilchen
Viola odorata

Merkmale: Das 3–10 cm hohe Märzveilchen ist eine Staude ohne aufrechten Stängel. Aus einer Blattrosette wachsen oberirdische Ausläufer, die sich bewurzeln und zu neuen Tochterrosetten austreiben. Die Blätter sitzen an langen Stielen. Sie haben eine rundliche Form, sind am Stielansatz eingebuchtet und stumpf gezackt.

Blüten: Die Blüten erscheinen im März oder April einzeln auf langen Stielen in den Achseln der Rosettenblätter. Die beiden seitlichen Blütenblätter sind abwärts gerichtet, der gerade Sporn ist 5–7 mm lang und dunkelviolett. Alle Blütenblätter sind am Grund heller gefärbt, die beiden seitlichen dort auch lang behaart.

Früchte: Als Frucht wird eine dreiteilige Kapsel gebildet.

Vorkommen: Hecken und Rasen; wahrscheinlich handelt es sich beim Märzveilchen um eine Zierpflanze, die bereits vor langer Zeit verwilderte.

Bedeutung: Vor allem im Wurzelstock des Märzveilchens sind Saponine und ein Glykosid, in den Blüten auch duftende ätherische Öle enthalten. Die Veilchenwurzel wirkt schleimlösend bei Bronchialkatarrhen, wird aber nur noch selten verwendet. Früher hat man zum selben Zweck aus den Blüten einen blauen Sirup hergestellt. Die so genannten »Veilchenwurzeln« gegen Zahnschmerzen stammen allerdings nicht vom Veilchen, sondern von der Deutschen Schwertlilie *(Iris germanica)*.

Blüte blau, spiegelsymmetrisch

Bestimmungstipp: Von ähnlichen Lippenblütlern unterscheidet sich der Ysop durch den regelmäßigen Kelch und die hohen, ährenartigen Blütenstände.

Ysop
Hyssopus officinalis

Merkmale: Der 30–60 cm hohe Ysop ist ein Halbstrauch, dessen im unteren Drittel verholzter Stängel rundlich und überall anliegend behaart ist. Die Verzweigungen beginnen bereits im unteren Bereich. Seine gegenständigen, schmalen Blätter sitzen ohne Stiel dem Stängel an. Sie haben einen glatten Rand, der häufig nach unten umgerollt ist.

Blüten: Die blauvioletten Blüten erscheinen zwischen Juli und September jeweils zu mehreren in den Achseln der oberen Blätter. Der Kelch ist tief in fünf dreieckige Zipfel eingeschnitten. Die Krone in Form einer Lippenblüte besteht aus einer kleinen, flachen Oberlippe und einer dreiteiligen Unterlippe mit einem breiten Mittellappen.

Früchte: Die Früchte sind in vier Nüsschen untergliedert.

Vorkommen: Die Art stammt aus dem Mittelmeergebiet und wird nördlich der Alpen als Heil- und Gewürzpflanze angebaut; sie verwildert nur selten.

Bedeutung: Der Ysop enthält in seinen oberirdischen Teilen Gerbstoffe, Flavonoide und ätherisches Öl und ist seit der Antike als Heilpflanze bekannt. Heute wird er hauptsächlich als Gewürz genutzt, jedoch spielte er früher in der Volksheilkunde eine wichtige Rolle. Man verwendete ihn zum Gurgeln bei Mund- und Zahnfleischentzündungen, als Mittel gegen starke Schweißbildung, gegen Blähungen und als Hustenmittel.

Die Oberlippe in der Ysopblüte ist sehr kurz und flach ausgebildet.

Blüte blau, spiegelsymmetrisch

Bestimmungstipp:
Die weichen, runzeligen, unten behaarten Blätter mit dem typischen Duft kennzeichnen den Echten Salbei.

Echter Salbei
Salvia officinalis

Merkmale: Der 20–70 cm hohe Echte Salbei ist ein Halbstrauch, der im unteren Bereich leicht verholzt. Sein Stängel verzweigt sich bereits im unteren Teil. Er ist rundlich bis vierkantig und im oberen Bereich dicht behaart. Die graugrünen Blätter sind schmal-oval, zugespitzt und runzelig. Die unteren sind lang gestielt, die mittleren kürzer, während die obersten ohne Stiel dem Stängel ansitzen.

Blüten: Die Blüten erscheinen von Mai bis Juli in Quirlen in den Achseln der oberen Blätter. Die Krone der blassvioletten Lippenblüte ist bis 2,5 cm lang. Ihre Oberlippe ist gerade, die Unterlippe in drei Lappen geteilt. Sie sitzen in einem zweilippigen Kelch, der oben in drei spitze Zähne ausläuft.

Früchte: Die Früchte sind in vier Nüsschen untergliedert.

Vorkommen: Der Echte Salbei stammt aus dem Mittelmeergebiet und wird nördlich der Alpen als Heil- und Gewürzkraut angebaut; er verwildert nur selten.

Bedeutung: Der Echte Salbei ist keine wirkliche Giftpflanze, enthält aber in seinem ätherischen Öl mit Thujon eine giftige Komponente. Daneben sind in den Blättern u. a. Bitterstoffe, Gerbstoff und Flavonoide enthalten. Er wirkt heilend bei kleinen Wunden und Entzündungen im Mundraum, da sein Öl das Bakterienwachstum eindämmt. Aus diesem Grund enthalten viele Zahncremes Salbei. Beliebt ist er auch als schweißhemmender Tee.

Der Wiesensalbei *(Salvia pratensis)* **mit ähnlichem Duft ist eine seltene Pflanze auf trockenen Wiesen.**

Blüte blau, spiegelsymmetrisch

Den Aufbau der Lippenblüten im charakteristischen Lavendelblau erkennt man erst bei genauem Hinsehen.

Echter Lavendel
Lavandula angustifolia
Merkmale: Der 20–60 cm hohe Lavendel ist ein unten verholzter Halbstrauch mit aufrechten, stark verzweigten Trieben. Seine gegenständigen, schmalen Blätter sind 4 cm lang und nur 5 mm breit. Ihr glatter Rand ist nach unten eingerollt, und die Blattunterseiten sind filzig behaart.
Blüten: Die Blüten erscheinen zwischen Juli und August am Ende der Triebe in Quirlen. In einem röhrenförmigen, meist rot überlaufenen Kelch sitzen die Lippenblüten mit kleiner Ober- und dreiteiliger Unterlippe.
Früchte: Die Früchte sind in vier Nüsschen untergliedert.
Vorkommen: Der Echte Lavendel braucht sehr heiße Standorte auf trockenen, kalkhaltigen Böden, wie Trockenrasen oder Mauern; er wird jedoch häufig in Kräutergärten angepflanzt.
Bedeutung: Im trockenwarmen Klima Südeuropas wird Lavendel großflächig angebaut. Bekannt sind besonders die riesigen Felder in der Provence. Aus den Blüten wird das ätherische Öl gewonnen. Es wird zu kosmetischen Artikeln verarbeitet, aber auch als Heilmittel verwendet. Die Blütendroge dient als leichtes Beruhigungsmittel bei Migräne und Erschöpfung. Wie so oft, kennt die Volksheilkunde auch andere Anwendungen: Lavendel soll Krämpfe lösen, die Verdauung fördern und in Form von Bädern Rheumaschmerzen lindern. Im Mittelalter galt er vor allem als Mittel gegen Läuse.

> **Bestimmungstipp:** Die an langen Stielen stehenden Blütenstände und der Duft der Blätter sind typisch für Echten Lavendel.

Blüte blau, spiegelsymmetrisch

> **Bestimmungstipp:**
> Beim Zerreiben verströmen die Blätter den typischen Rosmarinduft.

Gartenrosmarin
Rosmarinus officinalis

Merkmale: Der 50–150 cm hohe Gartenrosmarin ist ein kleiner, immergrüner Strauch mit verholzter Basis. Sein Stängel ist reich verzweigt und dicht wollig behaart. Die gegenständigen Blätter sind sehr schmal, haben einen glatten, nach unten eingerollten Rand und sind auf der Unterseite dicht behaart.

Blüten: Die Blüten werden zwischen März und Juni zu wenigen in den Achseln der mittleren und oberen Blätter gebildet. Die Krone der blasslila gefärbten Lippenblüte ist im unteren Teil zu einer Röhre geschlossen, öffnet sich dann aber weit mit einer geraden Oberlippe und einer dreigeteilten Unterlippe.

Früchte: Die Früchte sind in vier Nüsschen untergliedert.

Vorkommen: Rosmarin kommt von Natur aus in den trockenen Macchien des Mittelmeerraums vor. Er wurde als Zier- und Gewürzpflanze nach Mitteleuropa eingeführt und ist nur selten verwildert.

Bedeutung: Die Blätter des Gartenrosmarins enthalten ätherisches Öl und Bitterstoffe und werden vorwiegend als Gewürz verwendet. Da Rosmarinöl die Haut reizt, verwendet man es aber auch als Einreibemittel bei rheumatischen Erkrankungen und Durchblutungsstörungen sowie als Gurgelmittel. Weiterhin soll Rosmarin bei Verdauungsstörungen, Erschöpfung und Kreislaufstörungen helfen. Im Mittelalter galt er als wirksame Zauberpflanze.

Als früh blühende Pflanze ist Rosmarin ein beliebtes Gewächs für Bauerngärten.

Blüte blau, spiegelsymmetrisch

Bestimmungstipp: Die gespornten Blüten mit dieser Form kommen nur beim Ackerrittersporn vor.

Ackerrittersporn
Consolida regalis

Merkmale: Der 15–40 cm hohe Ackerrittersporn ist eine einjährige Pflanze mit aufrechtem, verzweigtem Stängel und kurzer Behaarung. Er hat wechselständige, im unteren Bereich kurz gestielte Blätter, die oberen sitzen direkt dem Stängel an. Die gefiederten Blätter sind mehrfach in nur 1–2 mm breite Fiedern untergliedert.

Blüten: Die etwa 1,5 cm breiten, gestielten Blüten erscheinen zwischen Mai und September in einem lockeren, rispenartigen Blütenstand. An den kräftig blauvioletten Kronblättern setzt ein bis 2,5 cm langer, gerader oder etwas nach oben gerichteter Sporn an.

Früchte: Es wird eine Balgfrucht ausgebildet.

Vorkommen: Getreidefelder, Wegränder und Ödland; auf kalkhaltigen, nährstoffreichen Böden; durch den Einsatz von Unkrautvernichtungsmitteln heute recht selten geworden.

Bedeutung: Der Ackerrittersporn enthält in seinen Blüten Flavonoide und ein Glykosid, die Samen und grünen Teile zudem verschiedene giftige Alkaloide. Wegen seiner Seltenheit wird das Kraut heute kaum noch verwendet. Früher sammelte man die ungiftigen Blüten und bereitete daraus Blasen- und Nierentees. Außerdem gab man sie anderen Tees zu, um ihr Aroma zu verbessern. Die nahe verwandten Gartenrittersporne sind ebenfalls giftig und dürfen keinesfalls zur Selbstmedikation verwendet werden.

Die blauvioletten, gespornten Blüten sind charakteristisch für den Ackerrittersporn.

Blüte blau, spiegelsymmetrisch

> **Bestimmungstipp:**
> Die ganze Pflanze riecht kräftig nach Pfefferminze.

Echte Pfefferminze
Mentha x *piperita*

Merkmale: Die 30–90 cm hohe Pfefferminze ist eine Staude mit aufrechtem, vierkantigem Stängel, der nur schwach behaart und häufig rötlich überlaufen ist. Die schmal-ovalen, gegenständigen Blätter haben einen gezackten Rand. Sie sind zugespitzt, 4–8 cm lang und verschmälern sich in einen kurzen Stiel.

Blüten: Von Juni bis August erscheinen die Blüten am Ende des Stängels in einem mehrere Zentimeter langen, ährenartigen Blütenstand. Am Ende der Seitenzweige werden kürzere, rundliche Blütenstände gebildet. Die einzelnen Lippenblüten sind lila bis rosa gefärbt. Sie bestehen aus einer kleinen Ober- und einer dreiteiligen Unterlippe.

Früchte: Die Früchte sind in vier Nüsschen untergliedert.

Vorkommen: Die Pfefferminze ist eine alte Heilpflanze, die auf nährstoffreichen, kalkhaltigen Böden gelegentlich aus Gärten verwildert.

Bedeutung: Die Pfefferminze wird seit der griechischen und römischen Antike als Heilpflanze verwendet. Sie enthält neben Gerbstoffen und Flavonoiden vor allem ätherisches Öl, dessen Hauptbestandteil das duftende, desinfizierende Menthol ist. Pfefferminztee beruhigt den Magen, wirkt krampflösend und appetitanregend. Das ätherische Öl senkt durch seine kühlende Wirkung die Schmerzempfindung von Haut und Schleimhäuten und lindert Kopfweh.

Die Ährenminze *(Mentha spicata)* hat schmalere, aufgelockerte Blütenstände.

Blüte blau, spiegelsymmetrisch

Bestimmungstipp:
Der Standort am Wasser und die über den Stängel verteilt stehenden Blüten sind Merkmale der Wasserminze.

Wasserminze
Mentha aquatica

Merkmale: Die 30–100 cm hohe Wasserminze ist eine Staude mit niederliegendem oder aufrechtem, vierkantigem Stängel. Er ist an den Kanten dicht behaart. Die kurz gestielten, gegenständigen Blätter sind breit-oval, am Rand gezackt und beidseitig behaart. Die Behaarung der Blattunterseiten und des Randes ist etwas dichter.
Blüten: Die Blüten werden von Juli bis September gebildet. Sie stehen in rundlichen, dichten Köpfchen an den Enden des Stängels und der Seitentriebe sowie in Quirlen in den Achseln der oberen Blätter. Die einzelnen lila- bis rosafarbenen Lippenblüten haben eine kleine Ober- und eine dreiteilige Unterlippe. Der in fünf schmale Zipfel auslaufende Kelch ist zur Röhre verwachsen.
Früchte: Die Früchte sind in vier Nüsschen untergliedert.
Vorkommen: Gräben, sumpfige Wiesen, Ufer; auf nährstoffreichen, nassen Böden, die teilweise überflutet werden; häufig.
Bedeutung: Die Wasserminze ist eine durch Kreuzungen sehr variantenreiche Art, deren Blattformen sich unterscheiden können. Sie enthält Gerbstoffe und ätherisches Öl mit nur wenig Menthol. Daher wurde sie, im Unterschied zur Pfefferminze, fast ausschließlich in der Volksheilkunde als galletreibendes Mittel und gegen Magenbeschwerden verwendet. Auch Hildegard von Bingen war sie als Heilpflanze bekannt und wurde von ihr bei Hustenreiz empfohlen.

Die Blüten der giftigen Poleiminze *(Mentha pulegium)* **stehen ebenfalls in mehreren Etagen, sind aber am Stängelende nicht zu Köpfchen verdichtet.**

Blüte gelb, vierblättrig

> **Bestimmungstipp:**
> Beim Raps überragen die Blütenknospen die obersten Blüten.

Der verwandte Gemüsekohl *(Brassica oleracea)* wird in vielen Kulturformen angebaut.

Raps, Kohlrübe
Brassica napus

Merkmale: Der bis zu 1,2 m hohe Raps ist eine einjährige Pflanze mit geradem, im oberen Bereich verzweigtem Stängel. Seine wechselständigen, blaugrün bereiften, großen Blätter sind in breite, unregelmäßige Lappen eingeschnitten. Die oberen Blätter sitzen direkt dem Stängel an und umgeben ihn mit öhrchenförmigen Zipfeln.

Blüten: Die Blüten erscheinen zwischen April und September in traubigen Blütenständen am Ende des Stängels. Ihre vier Kelchblätter stehen vom Blütenstiel ab. Die vier goldgelben Blütenblätter sind zu einer etwa 1,5 cm breiten Krone ausgebreitet. Im Innern der Blüte stehen sechs Staubblätter, zwei kurze und vier lange.

Früchte: Als Früchte werden gestielte Schoten gebildet, die vom Stängel abstehen. Zur Fruchtzeit strömen Rapsfelder einen durchdringenden, aromatischen Geruch aus.

Vorkommen: Raps ist eine alte Kulturpflanze, die fast ausschließlich im Feldanbau und nur selten in der Nähe von Ackerland verwildert vorkommt.

Bedeutung: Raps enthält ein sehr wertvolles, bereits seit dem Mittelalter genutztes Öl, das bis in die Neuzeit in der Volksmedizin zu Einreibungen bei Muskelschmerzen und als Grundlage für die Zubereitung von Salben verwendet wurde. Heute wird Rapsöl in erster Linie in der Lebensmittelindustrie, z. B. zur Herstellung von Margerine, aber auch zu technischen Zwecken genutzt.

Blüte gelb, vierblättrig

Bestimmungstipp: Der Schwarze Senf ist nur durch Berücksichtigung aller Merkmale sicher von ähnlichen Arten zu unterscheiden.

Schwarzer Senf
Brassica nigra
Merkmale: Der 60–120 cm hohe Schwarze Senf ist eine einjährige Pflanze mit aufrechtem, reich verzweigtem Stängel. Im unteren Bereich ist er kurz behaart. Seine wechselständigen, gestielten Blätter sind im unteren Stängelbereich tief in mehrere Lappen gefiedert. Die Endfieder ist stets größer als die seitlichen. Die oberen Stängelblätter sind ungeteilt und schmal.
Blüten: Die Blüten erscheinen zwischen Juni und September in köpfchenartigen Trauben am Ende des Stängels und der Seitenzweige. Ihre vier Kelchblätter rollen sich nach der Blüte ein. Die vier eiförmigen, gelben Kronblätter sind ausgebreitet. Im Blüteninnern sind vier lange und zwei kurze Staubblätter zu erkennen.
Früchte: In vierkantigen, zusammengedrückten Schoten befinden sich die dunkelbraunen Samen.
Vorkommen: Ödland, Wegränder und als Feldfrucht; auf feuchten Lehmböden.
Bedeutung: Die Samen des Schwarzen Senfs enthalten Schleimstoffe, fettes Öl und das Senföl-Glykosid Sinigrin, das als Grundlage für die Speisesenfbereitung dient. Schon im Mittelalter legte man Senfpflaster aus zerriebenen Samen auf die Haut, um die Durchblutung bei Rheuma und Nervenschmerzen zu fördern. Wegen der Entzündungsgefahr wird heute davon abgeraten. Senf hat als Gewürz verdauungsfördernde und appetitanregende Wirkung.

Durch die starke Einschnürung der Schote werden die einzelnen Samen des Schwarzen Senfs sichtbar.

Blüte gelb, vierblättrig

> **Bestimmungstipp:**
> Im Unterschied zum ähnlichen Schwarzen Senf sind beim Weißen Senf auch die oberen, gestielten Stängelblätter tief eingeschnitten.

Der Weiße Senf kommt wild auf trockenen, kalkhaltigen Lehmböden vor.

Weißer Senf
Sinapis alba

Merkmale: Der 30–60 cm hohe Weiße Senf ist eine einjährige Pflanze mit aufrechtem, verzweigtem Stängel. Seine wechselständigen, gestielten Blätter sind tief und unregelmäßig eingebuchtet bis gefiedert. Sie tragen eine steife Behaarung.

Blüten: Die über 1 cm breiten Blüten erscheinen zwischen Juni und September in doldenartig breiten Trauben am Stängelende und in den Achseln der oberen Blätter. Sie bestehen aus vier abstehenden Kelch- und vier rundlichen, gelben Kronblättern.

Früchte: Die Samen reifen in länglichen, steif behaarten Schoten heran, die vom Stängel abstehen. Jede Schote endet mit einem langen, schnabelartig abgeflachten Fortsatz.

Vorkommen: Der Weiße Senf stammt aus dem Mittelmeergebiet und ist gelegentlich aus der Kultur auf Ödland und Äckern verwildert.

Bedeutung: In den kugeligen, orangegelben Samen des Weißen Senfs sind Schleimstoffe, fettes Öl und das Senföl-Gykosid Sinalbin enthalten. Es ist etwas milder als das Sinigrin des Schwarzen Senfs und wird ebenfalls zur Bereitung von Speisesenf verwendet. Weißer Senf fördert die Verdauung und wirkt leicht antibakteriell. Heute wird er vor allem in der Homöopathie gegen Kopfschmerzen und außerdem bei Verdauungsstörungen verwendet.

Blüte gelb, vierblättrig

Ackersenf
Sinapis arvensis

Merkmale: Der 20–60 cm hohe Ackersenf ist eine einjährige Pflanze mit aufrechtem, in der Regel verzweigtem Stängel, der im unteren Bereich behaart ist. Seine wechselständigen Blätter sind tief gezackt und nur selten fast gefiedert. Während die unteren Stängelblätter gestielt sind, sitzen die oberen ohne Stiel direkt dem Stängel an.

Blüten: Die 1–2 cm breiten Blüten werden zwischen Mai und Oktober gebildet. Sie erscheinen in doldenartigen Trauben an den Enden des Stängels und der Seitentriebe. Ihre vier rundlichen Kelchblätter stehen vom Stiel ab, die vier ebenfalls rundlichen, gelben Kronblätter verschmälern sich zum Ansatz hin stark.

Früchte: Als Früchte werden bis 4 cm lange, fast kahle Schoten gebildet, die in einen bis 1,5 cm langen, schnabelartigen Fortsatz auslaufen.

Vorkommen: Der Ackersenf stammt aus dem Mittelmeergebiet, ist aber als Kulturbegleiter des Menschen seit langem auf nährstoffreichem Ödland und Äckern verwildert; sehr häufig.

Bedeutung: Genau wie der Weiße und der Schwarze Senf enthält auch der Ackersenf Senföl-Glykoside und wurde einstmals in Form von Senfpflastern bei Gicht und Gelenkschmerzen angewandt. Hildegard von Bingen dagegen beschreibt ihn nicht als heilsam, sondern als Speise der armen Leute, die »schlechte Säfte« erzeuge.

Bestimmungstipp: Im Unterschied zum ähnlichen Weißen Senf hat der Ackersenf eine fast unbehaarte Schote mit dunkelbraunen Samen.

Zur genauen Bestimmung des Ackersenfs muss man alle Merkmale berücksichtigen.

Blüte gelb, vierblättrig

Bestimmungstipp:
Die geteilten Blätter, vierzählige Blüten und der bei Verletzung reichlich austretende orangegelbe Milchsaft sind Merkmale des Großen Schöllkrauts.

Großes Schöllkraut
Chelidonium majus

Merkmale: Das 30–70 cm hohe Schöllkraut ist eine Staude mit aufrechtem, verzweigtem und behaartem Stängel. Seine wechselständigen Blätter sind unregelmäßig tief eingebuchtet bis gefiedert und die einzelnen ovalen Teilblättchen nochmals rundlich gezackt. Sie tragen vor allem im Randbereich eine lockere Behaarung. Die Pflanze enthält orangefarbenen Milchsaft.

Blüten: Von Mai bis Oktober erscheinen die 1,5–2,5 cm breiten Blüten in einer sehr locker aufgebauten Dolde am Stängelende. Jede Einzelblüte besteht aus zwei hellgelben Kelch- und vier gelben, ovalen Kronblättern. Die Blütenblätter fallen sehr früh ab. Im Innern der Blüte sind zahlreiche Staubblätter zu erkennen.

Früchte: Als Frucht wird eine schmale, längliche Schote gebildet, die sich zur Fruchtreife mit zwei Klappen öffnet.

Vorkommen: Hecken, Mauern, Ödland und Wegränder; auf nährstoffreichen, feuchten Lehmböden.

Bedeutung: Das schwach giftige Schöllkraut hat in verschiedener Hinsicht Bedeutung erlangt: Die Alchimisten des Mittelalters hielten seinen »goldenen« Milchsaft für ein Mittel, Gold zu machen. Die im Milchsaft enthaltenen Alkaloide sind bakterientötend und hemmen die Zellteilung, darauf geht wohl seine Verwendung als Warzenmittel zurück. Pflanzenmedizin und Homöopathie nutzen die Droge bei Erkrankungen des Magen- und Darmbereichs, der Gallenwege und der Leber.

Aus verletzten Stängeln und Blättern des Großen Schöllkrauts tritt orangefarbener Milchsaft aus.

Blüte gelb, vierblättrig

Echtes Labkraut
Galium verum

Merkmale: Das 10–70 cm hohe Echte Labkraut ist eine Staude mit niederliegendem bis aufrechtem, sehr kurz behaartem Stängel. Seine nadelartig schmalen, 1–2,5 cm langen, zugespitzten Blätter stehen in Quirlen. Sie sind am Rand etwas umgerollt.

Blüten: Von Mai bis September erscheinen zahlreiche, nur 2–4 mm breite Blüten in dichten, verzweigten Blütenständen am Ende des Stängels und in den Achseln der oberen Blätter. Der winzige Kelch der gestielten Einzelblüten ist nur als Ring erkennbar. Die vier schmalen, gelben Kronblätter sind flach ausgebreitet.

Früchte: Die Früchte zerfallen in zwei Teilfrüchte.

Vorkommen: Trockene Rasen und Gebüsche; auf kalkhaltigen, nährstoffarmen Böden; häufig, aber im Tiefland örtlich auch seltener.

Bedeutung: Die grünen Teile des nur schwach giftigen Echten Labkrauts enthalten u. a. Gerbstoff, Glykoside und Flavonoide. Die Pflanze war im Mittelalter von wirtschaftlicher Bedeutung in der Käseherstellung, da ihre Inhaltsstoffe, wie das Labferment aus Kälbermagen, Milch zum Gerinnen bringen. In der Volksheilkunde wurde Labkraut als harntreibendes Mittel bei Wasseransammlungen, bei Magenkatarrhen, Wunden und Hautleiden verwendet. Heute spielt es nur noch in der Homöopathie eine Rolle. In manchen Kräuterbüchern wird Labkrauttee auch gegen Nierenleiden empfohlen.

> **Bestimmungstipp:**
> Die dichten Blütenstände des Echten Labkrauts duften bei sonnigem Wetter kräftig und deutlich nach Honig.

Das auf den ersten Blick ähnliche Wiesenlabkraut (*Galium mollugo* oder *Galium album*) hat weißliche Blüten und breitere Blätter.

Blüte gelb, vierblättrig

Blutwurz, Aufrechtes Fingerkraut
Potentilla erecta

Merkmale: Die 10–30 cm hohe Blutwurz ist eine Staude mit niederliegendem, nur wenig verzweigtem Stängel, der sich an den Enden aufrichtet. Ihre häufig früh absterbenden Grundblätter sind mit drei, die größeren Stängelblätter mit fünf Teilblättchen handförmig gefiedert. Jede Fieder verschmälert sich zur Basis und ist grob gezackt.

Blüten: Die Blüten werden zwischen Mai und August gebildet. Sie stehen in einem sehr lockeren Blütenstand an den Enden der Triebe. Die Einzelblüte besteht aus vier schmalen äußeren und vier breiteren inneren Kelchblättern, die Krone aus vier etwa herzförmigen, gelben Kronblättern.

Früchte: Die Früchte sind unscheinbar.

Vorkommen: Magere Wiesen, Heiden und Wälder; auf nährstoffarmen, sauren Böden; häufig, aber stets in geringer Zahl.

Bedeutung: Die Blutwurz, früher – und heute noch in der Sprache der Apotheker – Tormentill genannt, hat einen verdickten Wurzelstock, der ätherisches Öl und Gerbstoffe enthält. Wegen seiner roten Farbe hat man ihn seit dem Mittelalter als blutstillendes Mittel verwendet. Die Pflanzenmedizin nutzt die Droge bei Entzündungen des Magen- und Darmbereichs, bei Durchfällen, als Gurgelmittel gegen Schleimhauterkrankungen sowie äußerlich als Tinktur gegen Hämorrhoiden.

Bestimmungstipp: Die handförmig geteilten, gezackten Blätter und die vierzählige Blüte machen die Blutwurz unverwechselbar.

Die medizinischen Wirkstoffe sind im Wurzelstock der Blutwurz enthalten.

Blüte gelb, vierblättrig

Bestimmungstipp:
Die mehrfach gefiederten, bläulichen Blätter und die Blüten mit vier bzw. fünf Kronblättern kennzeichnen die Weinraute.

Weinraute
Ruta graveolens

Merkmale: Die 20–90 cm hohe Weinraute ist eine Staude mit aufrechtem Stängel, der sich nur unten und im Bereich der Blüten etwas verzweigt. Ihre wechselständigen, bläulichen Blätter sind zwei- bis dreifach gefiedert. Die schmalen, zugespitzten Teilblättchen verschmälern sich jeweils zu ihrer Basis hin. Die Pflanze riecht beim Zerreiben aromatisch.

Blüten: Zwischen Juni und August erscheinen die Blüten in einem dichten, doldenartigen Blütenstand. Die jeweils endständige Blüte hat fünf, die seitlichen Blüten in der Regel nur vier löffelartig umgebogene Kronblätter. Die Kelchblätter zwischen den gelben Kronblättern sind schmal und zugespitzt.

Früchte: Als Frucht wird eine Kapsel mit vier bzw. fünf Höckern gebildet.

Vorkommen: Die Weinraute stammt aus dem Mittelmeergebiet und ist in Mitteleuropa nur aus der Kultur verwildert – vor allem in Weinbaugebieten.

Bedeutung: Die grünen Teile der Pflanze enthalten Alkaloide und ätherisches Öl. Medizinisch wirksam ist das Rutin, das auch in vielen kommerziellen Präparaten enthalten ist. Es hilft bei Venenerkrankungen, Arteriosklerose und löst Krämpfe. Weinraute war schon den Mönchen des Mittelalters als Heilpflanze bekannt und wurde nachweislich bereits im 9. Jahrhundert im Klostergarten der Insel Reichenau gepflanzt.

Die seitlichen Blüten der Weinraute sind deutlich vierzählig. Zu erkennen ist auch der Fruchtknoten, aus dem die vierhöckerige Frucht entsteht.

Blüte gelb, vierblättrig

Bestimmungstipp:
Die weiblichen Hopfenzapfen sind ein untrügliches Kennzeichen des Hopfens.

Die männlichen Hopfenblüten stehen in lockeren Rispen.

Hopfen
Humulus lupulus

Merkmale: Der Hopfen ist eine windende Staude, die 3–6 m, bei Kultursorten sogar 10 m hoch wachsen kann. Die Stängel treiben Jahr für Jahr neu aus einem Wurzelstock aus und winden sich – stets rechts drehend – um eine Unterlage. Seine gegenständigen Blätter sind tief in drei bis sieben Lappen untergliedert oder gefiedert.

Blüten: Männliche und weibliche Blüten – sie bilden sich auf verschiedenen Pflanzen – erscheinen im Mai. Die weiblichen Blüten stehen in einer beblätterten, 2–3 cm langen Ähre, die männlichen in lockeren Rispen in den Achseln der Blätter.

Früchte: Die Nüsschenfrüchte entstehen in den weiblichen Ähren.

Vorkommen: Vor allem in Kultur; auf tiefgründigen, nährstoffreichen Böden; wild wachsender Hopfen ist sehr selten.

Bedeutung: Die drüsenreichen weiblichen Blütenstände des Hopfens enthalten Bitterstoffe, ätherisches Öl, Gerbstoffe und Flavonoide. Schon die Bierbrauer des Mittelalters machten sich die aromatisierenden und konservierenden Eigenschaften des Hopfens zunutze. In der Pflanzenmedizin und Homöopathie dient Hopfen als mildes Beruhigungs- und Schlafmittel. Die Volksheilkunde verwendet ihn außerdem als appetitanregendes und verdauungsförderndes Heilmittel, das zudem die sexuelle Erregbarkeit senkt.

Blüte gelb, vierblättrig

Weiße Beeren und die länglichen, gelblich grünen Blätter kennzeichnen die Laubholz-Mistel.

Laubholz-Mistel
Viscum album

Merkmale: Die immergrüne Mistel ist ein Strauch, der parasitisch auf Bäumen wächst und einen Durchmesser von bis zu 1 m erreichen kann. An einem sehr kurzen Stamm stehen stark verästelte grüne Zweige. Ihre länglichen Blätter werden etwa 5 cm lang. Sie sitzen den Zweigen ohne Stiel auf und fühlen sich ledrig an.
Blüten: Die gelbgrünen Blüten der Mistel sind sehr unscheinbar. Männliche und weibliche Blüten erscheinen zwischen März und Mai auf verschiedenen Pflanzen.
Früchte: Die beerenartigen, weißlichen Früchte enthalten neben dem klebrigen Fruchtfleisch einen bis mehrere Samen.
Vorkommen: Bis in 1300 m Höhe; nur in Regionen mit milden Wintern.
Bedeutung: Die Mistel profitiert vom Wasserleitungssystem ihres Wirtsbaumes, indem sie ihm Wasser und Nährsalze entzieht. Pharmazeutisch werden alle Teile der giftigen Pflanze genutzt. Sie enthalten u. a. verschiedene Eiweiße, Flavonoide und Stoffe, die man auch im Nervensystem des Menschen findet. Die medizinische Wirkung der Mistel ist jedoch umstritten. Sie wird nur vom Arzt in Form von Injektionen gegen Arteriosklerose und Bluthochdruck sowie in der Krebstherapie eingesetzt. Seit den keltischen Druiden diente die Mistel bis weit ins Mittelalter hinein auch als Zauberpflanze und zu kultischen Zwecken.

Bestimmungstipp: Die auf Bäumen wachsende Mistel ist kaum zu verwechseln. Die ähnliche Riemenblume *(Loranthus europaeus)* hat orangefarbene Früchte.

Blüte gelb, vierblättrig

> **Bestimmungstipp:**
> An den gegenständigen Blättern und den dicht stehenden Früchten kann man den Echten Kreuzdorn erkennen.

Echter Kreuzdorn, Purgier-Kreuzdorn
Rhamnus catharticus

Merkmale: Der sommergrüne Echte Kreuzdorn ist ein 3 m hoher Strauch, kann aber auch zu einem bis 8 m hohen Bäumchen mit feinrissiger grauer bis fast schwarzer Rinde heranwachsen. Seine Zweige laufen in kräftige Dornen aus. Die gegenständigen, ovalen Blätter sind kurz zugespitzt. Sie haben fein gezackte Ränder und stark gebogene Seitennerven.

Blüten: Der Strauch blüht von April bis Juni mit doldenartigen Büscheln unscheinbarer, grünlicher Blüten, die in den Blattachseln stehen. Die vier schmalen Kronblätter sind etwa doppelt so lang wie die dreieckigen Kelchblätter.

Früchte: Als Früchte werden mattschwarze, etwa erbsengroße, nur kurz gestielte Steinfrüchte gebildet.

Vorkommen: Waldränder, Gebüsche, Hecken, Auwälder; auf lockeren Böden; selten.

Bedeutung: Die giftigen Früchte des Echten Kreuzdorns enthalten u. a. Flavon-Glykoside, Saponin und so genannte Anthrachinon-Verbindungen. Sie wirken abführend und sind noch heute Bestandteil einiger milder Abführmittel. In der Volksheilkunde nahm man die getrockneten Beeren jedoch direkt ein, was – ebenso wie die Saponine der unreifen Beeren – zu schweren Vergiftungen führen konnte. Daneben verwendete man die recht drastisch »Scheißbeeren« genannten Früchte auch als Blutreinigungsmittel.

Im reifen Zustand sind die zunächst grünen Beeren schwarz gefärbt.

Blüte gelb, vierblättrig

> **Bestimmungstipp:**
> Die bedornten Zweige mit den schmalen, silbrigen Blättern sind ein sicheres Erkennungsmerkmal des Sanddorns.

Gewöhnlicher Sanddorn
Hippophae rhamnoides

Merkmale: Der sommergrüne Gewöhnliche Sanddorn ist ein 2–3 m hohen Strauch, der aber auch baumförmig wachsen und dann Höhen von bis zu 10 m erreichen kann. Die Zweige tragen lange Dornen. Seine wechselständigen, kurz gestielten Blätter sind sehr schmal. Ihre Oberseite ist graugrün, die Unterseite schimmert silbrig.
Blüten: Noch vor den Blättern erscheinen von April bis Mai die gelblich braunen Blüten, nach Geschlechtern getrennt auf verschiedenen Pflanzen. Die männlichen Blüten stehen in kugeligen Blütenständen am Grund junger Zweige, die weiblichen in ährenartigen Trauben.
Früchte: Auf den weiblichen Pflanzen reifen leuchtend orange gefärbte Früchte in dichten Fruchtständen heran. Sie sind beerenartig mit einem Steinsamen.
Vorkommen: Schotterflächen von Gewässern, Dünen an der Küste; selten wild wachsend, aber oft angepflanzt.
Bedeutung: Die heilkräftige Wirkung der essbaren Früchte des Gewöhnlichen Sanddorns wurde vermutlich im Mittelalter erkannt. Sie haben nicht nur den höchsten Vitamin-C-Gehalt aller heimischen Früchte, sondern enthalten weitere Vitamine, Öl und Flavonoide. Da sie herb schmecken, bereitet man sie meist in Form von Säften zu, die als Sanddornsaft kommerziell vermarktet werden. Er hilft bei Erschöpfungszuständen und steigert die Abwehrkraft bei drohenden Erkältungskrankheiten.

Die herb schmeckenden, orangefarbenen Beeren des Gewöhnlichen Sanddorns enthalten heilkräftige Wirkstoffe.

Blüte gelb, vierblättrig

Bestimmungstipp:
Die Wuchshöhe der Großen Brennnessel, die gezackten Blätter und die Brennhaare machen sie unverwechselbar.

Die Kleine Brennnessel *(Urtica urens)* wird nur 50 cm hoch und hat rundlichere, kleinere Blätter.

Große Brennnessel
Urtica dioica

Merkmale: Die 30–250 cm hohe Große Brennnessel ist eine Staude mit aufrechtem, vierkantigem Stängel, der sich nur selten verzweigt. Ihre lang gestielten, gegenständigen Blätter sind oval, zugespitzt und am Rand kräftig gezackt. Stängel und Blätter sind dicht mit Haaren und Brennhaaren bedeckt.

Blüten: Die Blüten erscheinen zwischen Juni und Oktober, nach Geschlechtern getrennt auf verschiedenen Pflanzen. Männliche Blüten stehen in aufrechten Rispen in den Blattachseln, weibliche hängen nach der Bestäubung herab.

Früchte: Die Früchte sind unscheinbar.

Vorkommen: Wegränder, Ödland in der Nähe von Siedlungen; auf nährstoffreichen Böden; sehr häufig.

Bedeutung: In ihren grünen Teilen enthält die Große Brennnessel, neben anderen Substanzen, Flavonoide, Vitamine, Pflanzensäuren und in den Brennhaaren u. a. Acetylcholin, das auch im menschlichen Nervensystem vorkommt. Die Droge wirkt harntreibend, wird in der Volksheilkunde aber vorwiegend bei Rheuma und Ischias auch äußerlich durch Hautreizung mit den frischen Pflanzen angewandt. Dem brennenden Schmerz schrieb man im Mittelalter ungewöhnliche Kräfte zu: So wollte man mit der Brennnessel »brennende Liebe« bannen und legte kahlköpfigen Männern Pflanzenbrei zur Förderung des Haarwuchses auf die Glatze.

Blüte gelb, vierblättrig

> **Bestimmungstipp:**
> An den handförmig eingebuchteten Blättern, die Wassertropfen ausscheiden, erkennt man den Gewöhnlichen Frauenmantel sicher.

Gewöhnlicher Frauenmantel
Alchemilla vulgaris

Merkmale: Der 25–50 cm hohe Gewöhnliche Frauenmantel ist eine Staude mit aufrechtem Stängel, der im unteren Bereich behaart sein kann. Seine grundständigen Blätter sind tief handförmig eingebuchtet und fächerartig gefaltet. Aus den gezackten Blatträndern scheidet die Pflanze bei feuchter Witterung Wassertropfen aus.

Blüten: Die gelblich grünen Blüten erscheinen von Juni bis August in doldenartigen Blütenständen. Ihre Hüllblätter aus zwei Kreisen mit je vier Blättern bestehen nur aus dem Kelch, Kronblätter fehlen.

Früchte: Die unscheinbaren Früchte bleiben vom Kelch umschlossen.

Vorkommen: Wälder, Gräben, Wiesen; auf humusreichen, feuchten Lehmböden; häufig.

Bedeutung: Der Gewöhnliche Frauenmantel enthält in seinen grünen Teilen vor allem Gerbstoffe. Er wird nur in der Volksheilkunde als Gurgelmittel und bei Darmkatarrhen verwendet. Viel bedeutender war seine Rolle im Mittelalter als Zaubermittel. Man verglich die Blätter mit dem Umhängemantel Marias – daher der deutsche Name – und glaubte, mit ihm Frauenkrankheiten wie Menstruationsstörungen heilen zu können. Die Alchimisten – *Alchemilla* steht für Kleine Alchimistin – hielten das Wasser, das die Pflanze absondert, für himmlischen Tau und sammelten es für ihre Experimente.

Der Alpenfrauenmantel *(Alchemilla alpina)* kommt nur im Gebirge vor und hat tiefer eingeschnittene Blätter.

Blüte gelb, fünfblättrig

> **Bestimmungstipp:**
> Zur Fruchtzeit neigen sich die Kelchblätter des Gewöhnlichen Odermennigs über den Früchten zusammen.

Die lange, schmale Blütenähre und die kleinen Fiedern zwischen den Teilblättchen kennzeichnen den Gewöhnlichen Odermennig.

Gewöhnlicher Odermennig
Agrimonia eupatoria

Merkmale: Der 50–150 cm hohe Gewöhnliche Odermennig ist eine Staude mit aufrechtem, kaum verzweigtem Stängel. Er ist dicht und abstehend behaart. Seine wechselständigen Blätter sind unpaarig gefiedert mit fünf bis neun am Rand gezackten Fiederpaaren. Zwischen den großen Teilblättchen stehen sehr kleine, zähnchenartige Fiedern.

Blüten: Die bis 1 cm breiten, gelben Blüten erscheinen zwischen Juli und September an kurzen Stielen in einer hohen, schmalen Ähre am Ende des Stängels.

Früchte: Die Früchte werden von den fünf am Grund verwachsenen Kelchblättern umgeben, die sich nach oben zusammenneigen.

Vorkommen: Wald- und Wegränder, Gebüsche; auf nährstoffreichen, lockeren Böden; häufig.

Bedeutung: Das blühende Kraut des Gewöhnlichen Odermennigs enthält Gerbstoffe und etwas ätherisches Öl. Dank der zusammenziehenden Gerbstoffe wird es in der Volksheilkunde als Gurgelmittel bei Rachenentzündungen, aber auch bei Leber- und Gallenleiden verwendet. Der lateinische Artname stellt einen Bezug zu dem vorchristlichen König Mithridates Eupator her. Er soll den sagenhaften Mithridat gebraut haben, einen Zaubertrank gegen alle Gifte, den die Alchimisten des Mittelalters wiederentdecken wollten – der Odermennig galt als ein Bestandteil.

Blüte gelb, fünfblättrig

Pfennigkraut
Lysimachia nummularia

Merkmale: Das Pfennigkraut kriecht mit einem bis 50 cm langen Stängel, der sich an den unteren Blättern bewurzeln kann, über den Boden. Seine gegenständigen, kurz gestielten Blätter drehen sich nach oben, sodass ihre Flächen alle in einer Ebene in etwa parallel zum Boden stehen. Sie sind oval bis rundlich und haben einen herzförmigen Einschnitt am Stielansatz.

Blüten: Die 1–2,5 cm breiten Blüten erscheinen zwischen Mai und Juli einzeln in den Achseln der mittleren Blätter. Sie erheben sich nur wenige Zentimeter über den Boden. Ihre spitz zulaufenden gelben Kronblätter sind am Grund miteinander verwachsen. Auch der fünfzählige Kelch ist an der Basis verwachsen.

Früchte: Das Pfennigkraut bildet nur selten Früchte aus: kugelförmige, 4–5 mm breite Kapseln.

Vorkommen: Ufer, Gräben, Laubwälder; stets im Halbschatten und auf nährstoffreichen, feuchten Böden; häufig und meist in flächendeckenden Beständen.

Bedeutung: Während das Pfennigkraut heute fast nur noch als bodendeckende Gartenpflanze bekannt ist, war es früher eine beliebte Heilpflanze der Volksheilkunde. Es enthält in seinen grünen Teilen Gerbstoffe und Saponin und wurde bei Husten, Durchfall und äußerlich bei Rheuma und schlecht heilenden Wunden verordnet. Heute setzt man die Droge nur noch gelegentlich in der Homöopathie ein.

Der ähnliche Hain-Gilbweiderich *(Lysimachia nemorum)* wächst mit aufsteigendem Stängel und hat ovale, zugespitzte Blätter.

Blüte gelb, fünfblättrig

> **Bestimmungstipp:**
> Die charakteristische Blattform macht die Gartenpetersilie unverwechselbar.

Die Blüten der Gartenpetersilie entwickeln sich erst im zweiten Jahr nach der Aussaat.

Gartenpetersilie
Petroselinum crispum

Merkmale: Die 30–100 cm hohe Gartenpetersilie ist eine zweijährige Pflanze mit einer langen, verdickten Wurzel. Im ersten Jahr ihres Wachstums bildet sie nur Spross und Blätter, im zweiten Jahr zusätzlich die Blütenstängel aus. Je nach Kultursorte sind ihre lang gestielten, zwei- bis dreifach gefiederten Blätter glatt oder auch kraus.

Blüten: Die Blüten erscheinen zwischen Juni und Juli in lang gestielten, großen Dolden, die aus zahlreichen einzelnen Döldchen zusammengesetzt sind. Die Einzelblüten sind unscheinbar gelblich bis grünlich, selten auch rot.

Früchte: Die 2 mm langen, rundlichen Früchte sind seitlich etwas zusammengedrückt.

Vorkommen: Die Petersilie stammt aus dem Mittelmeergebiet, wurde aber schon früh nach Mitteleuropa eingeführt und konnte örtlich verwildern.

Bedeutung: Neben ihrer bekannten Verwendung als Blattgewürz werden Früchte und Wurzel der Petersilie auch medizinisch genutzt. Vor allem die Früchte enthalten ein ätherisches Öl mit zahlreichen Bestandteilen, das anregend auf die Harnausscheidung wirkt. Daher ist die Droge in mehreren Präparaten gegen Harnwegsinfektionen enthalten. In der Volksheilkunde gilt Petersilie als appetitanregend und wird auch äußerlich gegen Ungeziefer und Insektenstiche angewandt.

Blüte gelb, fünfblättrig

Typisch für Liebstöckel sind die gefiederten, ledrigen Blätter.

Liebstöckel, Maggikraut
Levisticum officinale
Merkmale: Der 1–2 m hohe Liebstöckel ist eine Staude mit mehreren aufrechten Stängeln, die aus einer verdickten Wurzel auswachsen und der Pflanze eine buschige Wuchsform verleihen. Die unteren Blätter sind mehrfach, die mittleren und oberen einfach gefiedert. Auch im oberen Bereich können gelappte Blätter gebildet werden. Ihre etwas ledrigen Teilblättchen sind grob gezackt.
Blüten: Die gelben Blüten erscheinen zwischen Juli und August in einer großen Dolde, die aus zahlreichen Döldchen zusammengesetzt ist.
Früchte: Die zusammengedrückten, 5–7 mm langen Früchte haben fünf deutlich ausgeprägte Rippen.
Vorkommen: Liebstöckel stammt aus Asien und gelangte über Klostergärten nach Mitteleuropa; gelegentlich in der Nähe von Kulturen verwildert.
Bedeutung: Die dicken Wurzeln von 2–3 Jahre alten Pflanzen enthalten ätherisches Öl. Es wirkt harntreibend und ist in vielen Präparaten gegen Blasen- und Nierenleiden enthalten. In der Volksheilkunde wird die Droge als verdauungsförderndes Mittel und bei Husten, aber auch gegen Rheuma und Gicht angewandt. Die Pflanze war schon Karl dem Großen bekannt. Er empfahl ihren Anbau in den Gärten seiner Pfalzen. Trotz des maggiartigen Geschmacks ist Liebstöckel nicht in dem gleichnamigen Gewürz enthalten.

Bestimmungstipp:
Die Blätter des Liebstöckels duften beim Zerreiben stark nach Maggi.

Blüte gelb, fünfblättrig

Im Unterschied zum Fenchel ist die Blattscheide beim Dill nur 1–2 cm lang.

Dill, Gurkenkraut
Anethum graveolens

Merkmale: Der 40–120 cm hohe Dill ist eine einjährige Pflanze mit aufrechtem, hohlem und leicht gerilltem Stängel. Seine wechselständigen Blätter umfassen den Stängel mit einer Scheide. Die graugrünen Blätter sind mehrfach gefiedert, ihre einzelnen Fiedern sind fadenförmig schmal.

Blüten: Die gelben Blüten erscheinen von Juli bis August in flach ausgebreiteten Dolden mit 30–50 Döldchen. Innerhalb des Blütenstandes werden keine Tragblätter gebildet.

Früchte: Die flach zusammengedrückten Früchte sind oval und schmal geflügelt.

Vorkommen: Dill stammt aus Vorderasien und gelangte über die Klostergärten des Mittelalters nach Mitteleuropa. Gelegentlich konnte er aus der Kultur verwildern.

Bedeutung: Dillblätter werden als Küchengewürz genutzt. Der deutsche Name Gurkenkraut weist auf die Verwendung beim Einlegen von Gurken hin. Medizinisch sind jedoch seine Früchte von Bedeutung, die ätherisches und fettes Öl enthalten. Sie helfen gegen Verdauungsstörungen, Blähungen und Appetitlosigkeit, regen aber auch die Milchsekretion an. Vor allem in der Volksheilkunde gelten Dillfrüchte zudem als harntreibend und schlaffördernd und sollen Kopfschmerzen lindern. Im Mittelalter glaubte man, mit einem Dillsträußchen über der Tür Hexen abwehren zu können.

> **Bestimmungstipp:**
> Die fadenförmigen Teilblättchen und sein Aroma sind charakteristisch für den Dill.

Blüte gelb, fünfblättrig

Bestimmungstipp:
Im Unterschied zum Dill sind die Blattscheiden des Fenchels 3–6 cm lang.

Fenchel
Foeniculum vulgare

Merkmale: Der 80–150 cm hohe Fenchel ist eine zwei- bis mehrjährige Pflanze mit gerilltem Stängel, der im oberen Bereich bläulich bereift ist. Seine grundständigen Blätter sind zwiebelartig ineinander geschachtelt. Die wechselständigen, mehrfach gefiederten Stängelblätter haben fadenförmig dünne Teilblättchen und umgeben den Stängel mit einer Scheide.

Blüten: Die gelben Blüten werden zwischen Juli und August gebildet. Sie stehen in einer großen Dolde mit 4–20 Döldchen. Innerhalb des Blütenstandes werden keine Tragblätter gebildet.

Früchte: Die Früchte bestehen aus zwei getrennten, jeweils etwa 1 cm langen Teilfrüchten.

Vorkommen: Der Fenchel stammt aus dem Mittelmeergebiet und wurde schon im frühen Mittelalter von Mönchen in Klostergärten angepflanzt. Gelegentlich konnte er auf gartennahem Ödland verwildern.

Bedeutung: Der anisartig duftende Fenchel wird in verschiedenen Kultursorten als Gewürz- und Knollenfenchel angebaut. Seine Früchte enthalten Zucker, ätherisches und fettes Öl. Sie werden in Form von Tee oder Fenchelhonig wegen ihrer schleimlösenden Wirkung als Hustenmittel verordnet. Außerdem wirken sie blähungstreibend und lösen Krämpfe. Von der Antike bis ins Mittelalter wurden sie zudem für Augenspülungen zur Steigerung der Sehkraft verwendet.

Der Knollenfenchel, eine Kulturform des Fenchels, spielt als Heilpflanze keine Rolle.

Blüte gelb, fünfblättrig

> **Bestimmungstipp:**
> Die kugeligen Dolden, ihre Größe und die zerteilten Blätter mit den breiten Blattscheiden sind typische Merkmale der Echten Engelwurz.

Die Wilde Engelwurz *(Angelica sylvestris)* **ist kleiner und hat Blätter, deren Stiele zu einer Rinne eingetieft sind.**

Echte Engelwurz
Angelica archangelica

Merkmale: Die 1–2,5 m hohe Engelwurz ist eine ein- bis mehrjährige Pflanze mit kräftigem, nur im oberen Bereich verzweigtem, fein gerilltem Stängel. Ihre lang gestielten Grundblätter werden bis 90 cm lang und sind mehrfach in gezackte Teilblättchen gefiedert. Die Stängelblätter sind kleiner, weniger zerteilt und sitzen dem Stängel mit breiten Scheiden an.
Blüten: Die gelben Blüten erscheinen zwischen Juni und August in großen, kugeligen Dolden mit 20–40 Döldchen. Unter den Döldchen stehen zahlreiche Tragblätter, der Ansatz der Dolde ist blattlos.
Früchte: Die Früchte werden etwa 7 mm lang und sind deutlich gerillt.
Vorkommen: Ufer; auf nassen, nährstoffreichen Böden.
Bedeutung: Die lange, verdickte Wurzel der Echten Engelwurz enthält ätherisches Öl, Harze und Gerbstoffe. Sie wird medizinisch vor allem bei Verdauungsstörungen und Appetitlosigkeit oder als Zusatz zu Bitterschnäpsen und Kräuterlikören verwendet. Außerdem wirkt sie harntreibend und löst Krämpfe. Früher wurde der Wurzelstock in Pulverform als Badezusatz gegen Rheuma, Muskel- und Nervenschmerzen verordnet. Der deutsche Name bezieht sich auf eine Sage, nach der ein Erzengel auf die Heilkraft der Wurzel hingewiesen hat. Darauf beruhte auch der Glaube, sie als Zaubermittel gegen Seuchen und die Pest einsetzen zu können.

Blüte gelb, fünfblättrig

Kürbis, Gartenkürbis
Cucurbita pepo

Merkmale: Der einjährige Kürbis wächst mit einem kriechenden oder rankenden Stängel, der eine Länge von bis zu 10 m erreichen kann. Seine lang gestielten Blätter werden bis zu 30 cm breit. Sie sind am Stielansatz herzförmig und zu fünf Lappen eingebuchtet.

Blüten: Die Blüten erscheinen zwischen Juni und September nach Geschlechtern getrennt auf derselben Pflanze. Männliche Blüten stehen in doldenartigen Blütenständen in den Blattachseln, die weiblichen einzeln. Ihre bis zu 10 cm breiten, gelben Blütenkronen sind verwachsen und öffnen sich glockenartig mit fünf Zipfeln.

Früchte: Die bis zu 60 cm lange Kürbisfrucht ist botanisch eine Beere, die in Form und Farbe unterschiedlich aussehen kann.

Vorkommen: Der Kürbis wurde als Nutzpflanze aus Mittelamerika eingeführt und kann gelegentlich in der Nähe von Gärten auf humusreichen Böden verwildern.

Bedeutung: Den Kürbis schätzt man nicht nur als essbare Nutzpflanze, seine Samen, die Kürbiskerne, werden auch medizinisch verwendet. Sie enthalten das seltene Spurenelement Selen, Öl und andere Wirkstoffe. Früher wurden sie vor allem als Heilmittel gegen Eingeweidewürmer verwendet, heute verarbeitet man sie in Präparaten gegen Prostataerkrankungen und Blasenstörungen. Die Homöopathie nutzt Kürbissamen als Mittel gegen Übelkeit.

Die großen Blüten und die Früchte machen den Kürbis unverwechselbar.

Blüte gelb, fünfblättrig

Bestimmungstipp:
Die unterschiedliche Form von Rosetten- und Stängelblättern sowie die Früchte sind kennzeichnende Merkmale für die Echte Nelkenwurz.

Echte Nelkenwurz
Geum urbanum

Merkmale: Die 25–50 cm hohe Echte Nelkenwurz ist eine Staude mit aufrechtem, verzweigtem und spärlich seidig behaartem Stängel. Ihre lang gestielten, unpaarig gefiederten Grundblätter stehen in einer Rosette, wobei die dreilappige Endfieder oft mit den beiden angrenzenden Fiedern verwachsen ist. Die Stängelblätter sind in drei Lappen mit gezackten Rändern eingebuchtet und haben große Nebenblätter.

Blüten: Die gelben Blüten werden zwischen Juni und Oktober einzeln oder zu wenigen am Ende des Stängels gebildet. Zwischen den fünf ausgebreiteten, ovalen Kronblättern sind die schmalen Kelchblätter sichtbar.

Früchte: Aus den Fruchtknoten entstehen zahlreiche köpfchenförmig zusammenstehende Früchte mit hakenartig gekrümmten Griffeln.

Vorkommen: Wälder, Gebüsche und Gärten; auf nährstoffreichen, feuchten Böden; häufig.

Bedeutung: Die Wurzeln der Echten Nelkenwurz enthalten ätherisches Öl mit Eugenol, Bitter- und Gerbstoffe. Eugenol gleicht dem Öl aus Gewürznelken, daher diente die Nelkenwurz früher als Ersatz für dieses teure, exotische Gewürz. Es wirkt schmerzstillend und keimtötend und ist in der Volksmedizin als Gurgelmittel bei Entzündungen im Mund- und Rachenraum in Gebrauch. Die Homöopathie nutzt die Echte Nelkenwurz gegen starken Körperschweiß.

Die hakenförmig gekrümmten Griffel der Nelkenwurzfrüchte haften an Tieren und werden so weit verbreitet.

Blüte gelb, fünfblättrig

Gänsefingerkraut
Potentilla anserina

Merkmale: Das 5–15 cm hohe Gänsefingerkraut ist eine Staude mit einem bis zu 50 cm langen, kriechenden Stängel, der aus einem knolligen Wurzelstock wächst. Er bewurzelt sich an den Knoten und bildet beblätterte Tochterpflänzchen aus. Daher stehen alle Blätter in grundständigen Rosetten. Sie sind gefiedert und weisen ovale, scharf gezackte Teilblättchen auf. Zwischen den Fiedern stehen noch kleinere Fiederchen.

Blüten: Die Blüten erscheinen zwischen Mai und August einzeln auf langen Stielen, die zwischen den Blättern herauswachsen. Die Blüten bestehen aus fünf äußeren und fünf inneren Kelch- und fünf rundlichen, gelben Kronblättern.

Früchte: Die zahlreichen kleinen Früchte werden von dem verbleibenden Griffel gekrönt.

Vorkommen: Wegränder und Ufer; auf feuchten, nährstoffreichen Böden, die auch steinig sein können; häufig.

Bedeutung: Hildegard von Bingen, in deren Schriften viele Heilkräuter genannt werden, bezeichnet das Gänsefingerkraut als Unkraut. Jedoch enthält es in seinen grünen Teilen – neben Gerbstoffen und Flavonoiden – einen noch unbekannten Wirkstoff, der Krämpfe lösen kann. Die Droge ist in vielen Präparaten gegen Menstruationsschmerzen sowie Magen- und Darmerkrankungen enthalten. Außerdem wird sie als Gurgelmittel und bei Durchfall verordnet.

Bestimmungstipp: Der kriechende Spross mit den gefiederten, unterseits silbrig behaarten Blättern ist ein Erkennungszeichen des Gänsefingerkrauts.

Das Kriechende Fingerkraut *(Potentilla reptans)* hat ebenfalls kriechende Stängel, seine Blätter sind jedoch handförmig geteilt.

Blüte gelb, fünfblättrig

Gelber Enzian
Gentiana lutea

Merkmale: Der 50–120 cm hohe Gelbe Enzian ist eine Staude mit aufrechtem, unverzweigtem Stängel. Seine gegenständigen, ovalen Blätter sind zugespitzt und sitzen ohne Stiel direkt dem Stängel an. Sie werden über 25 cm lang und zeichnen sich durch dicke, fast parallele Rippen auf der Unterseite aus.

Blüten: Die kurz gestielten Blüten erscheinen von Juni bis August jeweils in Büscheln in den Achseln der oberen Blätter. Jede Einzelblüte hat einen verwachsenen Kelch, der auf einer Seite aufgeschlitzt ist. Ihre fünf, manchmal sechs schmalen, goldgelben Kronblätter sind weit ausgebreitet und nur am Grund verwachsen.

Früchte: Als Frucht wird eine schmale, kegelförmige Kapsel von etwa 6 cm Länge gebildet.

Vorkommen: Rasen und Gebüsche der hohen Mittelgebirge und Alpen; auf kalkhaltigen, nährstoffarmen Böden; bis etwa 2500 m; geschützt.

Bedeutung: Auch wenn auf den Flaschen meist blau blühende Enziane abgebildet werden, sind es die Wurzeln des Gelben und des Purpurroten Enzians *(Gentiana purpurea)*, aus denen der berühmte Schnaps hergestellt wird. Die Bitterstoffe des Gelben Enzians werden auch medizinisch genutzt. Sie regen den Speichelfluss an und helfen bei Verdauungsstörungen, Verstopfung und Appetitlosigkeit. Im Alpenraum galt die Pflanze früher auch als Fiebermittel.

Bestimmungstipp: Außerhalb der Blütezeit kann man den Gelben Enzian an den gegenständigen Blättern vom Weißen Germer unterscheiden.

Zur Blütezeit ist der Gelbe Enzian unverwechselbar.

Blüte gelb, fünfblättrig

Echtes Johanniskraut, Tüpfelhartheu
Hypericum perforatum

Merkmale: Das 30–60 cm hohe Echte Johanniskraut ist eine Staude mit aufrechtem Stängel, der sich nur im Blütenstand verzweigt. Er trägt zwei längs verlaufende Kanten, die jedoch unten und im Bereich der Blüten nicht immer deutlich zu erkennen sind. Seine gegenständigen, ovalen und zugespitzten Blätter haben einen glatten Rand. Gegen das Licht erscheinen sie punktiert.

Blüten: Die Blüten bilden sich von Juni bis September in einem lockeren Blütenstand am Stängelende. Über die fünf schmalen, goldgelben, am Rand punktierten Kronblätter erheben sich zahlreiche Staubblätter, die in drei Gruppen stehen.

Früchte: Als Frucht wird eine bis 1 cm lange, eiförmige Kapsel gebildet.

Vorkommen: Waldränder, Gebüsche, Wiesen und Wegränder; auf nährstoffarmen Böden; sehr häufig.

Bedeutung: Im Mittelalter war das Echte Johanniskraut vor allem eine Zauberpflanze: Sie blüht um den Johannistag und gibt beim Zerquetschen der Blüten roten Saft, das »Johannisblut«, frei – Grund genug für allerlei zauberische Anwendungen. Das blühende Kraut enthält u. a. Flavonoide, Gerbstoffe und ätherisches Öl. Die Droge wird äußerlich bei Hauterkrankungen und innerlich gegen Depressionen und nervöse Erschöpfung verordnet, kann in Verbindung mit Sonnenlicht jedoch Hautreaktionen hervorrufen.

> **Bestimmungstipp:** Zerreibt man die gelben Kronblätter des Echten Johanniskrauts zwischen den Fingern, tritt roter Saft aus.

Die hellen Punkte auf den Blättern des Echten Johanniskrauts sind mit bloßem Auge sichtbare Ölbehälter.

Blüte gelb, fünfblättrig

> **Bestimmungstipp:**
> Nur bei der Großblütigen Königskerze laufen die Blattränder flügelartig bis zum nächsten Blatt herab.

Großblütige Königskerze
Verbascum densiflorum

Merkmale: Die 50–200 cm hohe Großblütige Königskerze ist eine zweijährige Pflanze mit geradem, aufrechtem Stängel, der sich im Bereich der Blüten verzweigt. Er ist wollig behaart. Ihre wechselständigen, bis 40 cm langen und bis 35 cm breiten Blätter sind nur im unteren Bereich kurz gestielt, sonst sitzen sie dem Stängel an. Die Blattränder laufen bis zum nächsten Blattansatz flügelartig am Stängel herab. Er ist deutlich, aber nur wenig tief gezackt.

Blüten: Die kurz gestielten Blüten erscheinen zwischen Juli und September in hohen Ähren in den Achseln der oberen Blätter. Die Kronblätter der Einzelblüte sind kurz verwachsen und öffnen sich zu einer bis 4 cm breiten, gelben Krone. Ihr innerer Teil ist etwas dunkler gefärbt.

Früchte: Als Frucht wird eine zweifächerige Kapsel ausgebildet.

Vorkommen: Ufer, Ödland; auf lockeren, humusreichen Böden; selten.

Bedeutung: Medizinisch sind nur die getrockneten Blüten der Großblütigen Königskerze von Bedeutung. Sie enthalten Schleimstoffe, Saponin und Flavonoide. Sie mildern den Hustenreiz bei Katarrhen und fördern das Lösen des Schleims. In der Volksheilkunde wandte man sie auch äußerlich als Umschlag an, um die Heilung von Wunden zu unterstützen. Die Homöopathie nutzt sie gegen Husten und bei Blasenreizung.

Bei der ähnlichen Windblumen-Königskerze *(Verbascum phlomoides)* laufen die Blätter nur wenig am Stängel herab.

Blüte gelb, fünfblättrig

Kleinblütige Königskerze
Verbasum thapsus

Merkmale: Die 50–170 cm hohe Kleinblütige Königskerze ist eine zweijährige Pflanze mit aufrechtem, unverzweigtem Stängel. Er ist grauweiß filzig behaart. Die bis zu 50 cm langen und bis 15 cm breiten, wechselständigen Blätter verschmälern sich in den Stiel und laufen flügelartig den Stängel herab. Sie sind ebenfalls beidseitig dicht filzig behaart.

Blüten: Die Blüten erscheinen zwischen Juli und September in langen Ähren in den Achseln der oberen Blätter. Ihre Stiele sind bis auf wenige Millimeter mit dem Stängel verwachsen. Die gelben Kronblätter sind an ihrer Basis zu einer Röhre verwachsen und öffnen sich dann weit zu einer bis 2 cm breiten Krone, deren innerer Teil dunkler gefärbt ist.

Früchte: Als Frucht wird eine zweifächerige Kapsel ausgebildet.

Vorkommen: Ödland, Wege, Ufer, Waldränder und -lichtungen; auf trockenen, lockeren Lehmböden; häufig.

Bedeutung: Die Blüten der Kleinblütigen Königskerze werden seltener als die der Großen zu medizinischen Zwecken verwendet. Sie enthalten Schleimstoffe, Saponin, Flavonoide und wenig ätherisches Öl. Man verordnet sie bei Husten und Erkrankungen der Atemwege, in der Homöopathie auch bei Ohrenschmerzen und Neuralgien. Da die Samen mehr Saponin enthalten, sind sie leicht giftig.

Die dicht behaarten Blätter sind Erkennungsmerkmal der Kleinblütigen Königskerze.

Blüte gelb, fünfblättrig

Bestimmungstipp:
Die alle nach einer Seite gerichteten, kaum geöffneten Blüten sind ein Merkmal der Frühlingsschlüsselblume.

Frühlingsschlüsselblume, Wiesenschlüsselblume, Wiesenprimel
Primula veris

Merkmale: Die Frühlingsschlüsselblume ist eine Staude, deren Blätter alle in einer Rosette stehen. Sie sind 5–20 cm lang, 2–8 cm breit und verschmälern sich in einen kurzen Stiel, an dem sie als Flügel herablaufen. Ihr Rand ist unregelmäßig gezackt, die Blattoberfläche auffallend runzelig. Die Nerven auf der Blattunterseite sind behaart.

Blüten: Von April bis Juni erscheinen die Blüten auf einem bis zu 30 cm hohen, unbeblätterten Stiel, der aus der Blattrosette wächst. Sie stehen in einer Dolde und sind alle zur selben Seite hin gerichtet. Der aufgeblähte Kelch umgibt die im unteren Bereich verwachsenen, sattgelben Kronblätter, die sich kaum öffnen.

Früchte: Als Frucht wird eine bis 1 cm lange, zylindrische Kapsel gebildet.

Vorkommen: Trockene Wiesen, lichte Laubwälder; auf nährstoffarmen, lockeren Lehmböden; selten und schutzwürdig.

Bedeutung: Medizinisch werden die Wurzel und getrockneten Blüten der Frühlingsschlüsselblume verwendet. Sie enthalten u. a. Saponine, die Blüten auch Flavonoide und wenig ätherisches Öl. Die Droge hilft bei Erkrankungen der Atemwege und ist auch in Medikamenten enthalten. Die Volksheilkunde kennt die Wurzel als harntreibendes Mittel gegen Rheuma.

Die ähnliche Hohe Schlüsselblume *(Primula elatior)* hat hellgelbe Blüten, deren Kronen sich breiter öffnen.

Blüte gelb, fünfblättrig

> **Bestimmungstipp:** Da zahlreiche ähnliche Ampferarten vorkommen, sind die wellig gekräuselten Blätter das sicherste Merkmal des Krausen Ampfers.

Krauser Ampfer
Rumex crispus

Merkmale: Der 30–120 cm hohe Krause Ampfer ist eine Staude mit braun überlaufenem Stängel, der sich nur im oberen Drittel verzweigt. Seine wechselständigen, 10–30 cm langen und 6–8 cm breiten, ledrig festen Blätter sind fein gezackt und am Rand auffallend wellig. Die Grundblätter sind lang, die oberen kürzer gestielt.
Blüten: Die Blüten erscheinen von Juli bis August in Rispen an den Enden der Zweige. Die winzigen gelblichen Einzelblüten stehen vor allem im oberen Bereich der Rispe in dichten Knäueln beieinander.
Früchte: Als Frucht werden kleine, dreikantige Nüsse gebildet.
Vorkommen: Gärten, Äcker, Wiesen; auf nassen, nährstoffreichen Lehmböden; besiedelt als eine der ersten Pflanzen brachliegende Böden; häufig.
Bedeutung: Der Krause Ampfer ist ein hartnäckiges Gartenunkraut, das sehr vielgestaltig sein kann. Medizinisch wird vor allem die Wurzel verwendet, die Gerbstoff und ätherisches Öl enthält. In der Volksheilkunde galt der Wurzelstock als Abführmittel. Die Früchte enthalten viel Gerbstoff und dienten im Gegensatz zur Wurzel als Heilmittel gegen Durchfall. Heute wird die Wurzel der Pflanze fast ausschließlich in der Homöopathie bei Katarrhen der Atemwege, Durchfällen und Hautausschlägen verwendet. Außerdem soll sie gegen Magen- und Darmstörungen helfen.

Der ähnliche Stumpfblättrige Ampfer *(Rumex obtusifolius)* hat breitere Blätter mit einem herzförmigen Grund.

Blüte gelb, fünfblättrig

Gewöhnlicher Efeu
Hedera helix

Merkmale: Der Gewöhnliche Efeu ist ein immergrüner Kletterstrauch, der mit Haftwurzeln an Baumstämmen und anderen Unterlagen bis zu 20 m hoch wachsen kann. Seine wechselständigen, gestielten und etwas ledrigen Blätter sind an nicht blühenden Trieben in drei bis fünf Lappen eingeschnitten. An den Blütentrieben hingegen trägt er ovale Blätter mit glattem Rand.

Blüten: Die gelblichen, unscheinbaren, aber intensiv honigartig duftenden Blüten erscheinen erst zwischen September und Oktober in auffallenden kugeligen Dolden.

Früchte: Im Frühling des Folgejahres reifen die kugeligen, schwarzen Beeren in Dolden heran.

Vorkommen: Wälder, Gebüsche, Auwälder, Ruinen; auch als Hausbegrünung.

Bedeutung: Efeublätter enthalten eine Reihe verschiedener Inhaltsstoffe, darunter Jod, Saponin und Alkaloide. Ein Zerfallsprodukt des Saponins kann Durchfälle und Erbrechen hervorrufen. Besonders giftig sind die Beeren des Efeus. Die schleim- und krampflösenden Wirkstoffe des Efeus werden jedoch vielfach medizinisch für Fertigpräparate gegen Keuchhusten, Husten und Bronchitis genutzt. In der Homöopathie wird Efeu zudem bei Asthma, Gallenkrankheiten und Schilddrüsenüberfunktion verordnet. Die Volksheilkunde nutzte früher die Blätter als Heilmittel gegen Rheuma und Hautkrankheiten.

Die schwarzen Beeren des Efeus sind besonders giftig.

Blüte gelb, fünfblättrig

Schwarze Johannisbeere
Ribes nigrum

Merkmale: Die Schwarze Johannisbeere ist ein 1–2 m hoher sommergrüner Strauch mit aufrechten Trieben. Junge Zweige sind kurz behaart. Die wechselständigen, lang gestielten Blätter sind in drei bis fünf Lappen mit gezacktem Blattrand eingekerbt. Die Blattrippen sind kurz behaart. Auf der Blattunterseite befinden sich gelbe Drüsen.

Blüten: Von April bis Mai erscheinen die Blüten in abstehenden oder hängenden Trauben. Ihre glockenförmig zusammenstehenden Kelchblätter sind länger als die grünlich gelben Kronblätter.

Früchte: Als Früchte werden mattschwarze, kugelige Beeren gebildet.

Vorkommen: Auwälder, feuchte Gebüsche an Ufern; häufig als Beerenstrauch angepflanzt.

Bedeutung: Die Früchte der Schwarzen Johannisbeere enthalten sehr viel Vitamin C. Wegen ihres strengen Geschmacks werden sie meist als Saft oder Marmelade zubereitet. In der Volksheilkunde nutzt man die getrockneten Beeren als Mittel gegen Durchfall und – aufgelöst in heißem Wasser – zum Gurgeln. Aus den getrockneten Blättern, die u. a. etwas ätherisches Öl und Gerbstoffe enthalten, wird Tee bereitet. Er wirkt harn- und schweißtreibend und soll gegen Rheuma und bei Durchfall helfen. Außerdem werden die aromatischen Blätter vielen Teemischungen beigegeben.

> **Bestimmungstipp:** Werden die Blätter der Schwarzen Johannisbeere verletzt, verströmen sie einen stark aromatischen Duft.

Die Beeren der Roten Johannisbeere *(Ribes rubrum)* schmecken milder, enthalten aber weniger Vitamin C.

Blüte gelb, fünfblättrig

Faulbaum
Frangula alnus

Merkmale: Der sommergrüne Faulbaum wächst zu einem etwa 3 m hohen, dornenlosen Strauch oder einem kleinen Baum heran. Die Rinde seiner Zweige trägt warzenartige Flecken. Seine wechselständigen, gestielten Blätter mit glattem oder leicht gewelltem Rand sind oval, laufen vorn jedoch in eine Spitze aus. Auf der Blattunterseite treten die Adern hervor.

Blüten: Von Mai bis Juni öffnen sich die unscheinbaren Blüten einzeln oder zu wenigen in den Blattachseln. Die in etwa dreieckigen, grünlichen Kronblätter sind etwas kürzer als die spitzen Kelchblätter.

Früchte: Die kugeligen Steinfrüchte verfärben sich während der Reife von Grün über Rot nach Schwarz.

Vorkommen: Waldwege und -ränder, Auengebüsche, Nadelmischwälder; stets auf nassen Böden.

Bedeutung: Der Faulbaum ist eine Giftpflanze. Besonders gefährlich sind die Früchte, die zu Schwindel, Erbrechen, blutigen Durchfällen und Kreislaufversagen führen können. Als medizinisch wirksame Droge wird jedoch die lange gelagerte Rinde in Form zahlreicher Präparate verwendet. Sie enthält Bitter- und Gerbstoffe, dazu Alkaloide und Saponin. Im Dickdarm werden ihre Wirkstoffe von Darmbakterien zu Abbauprodukten umgewandelt, die die Bewegung des Darms steigern und so als Abführmittel wirken. Außerdem ist Faulbaumrinde in Leber- und Gallemedikamenten enthalten.

Die wechselständigen Blätter mit glattem Rand und die quer stehenden Korkwarzen auf den Zweigen sind ganz typische Merkmale des Faulbaums.

Blüte gelb, fünfblättrig

> **Bestimmungstipp:** Das schmale Blatt an der Basis des vielblütigen Blütenstandes ist ein sicheres Merkmal der Winterlinde.

Winterlinde
Tilia cordata

Merkmale: Die sommergrüne Winterlinde ist ein rund 30 m hoher Baum mit kurzem Stamm und ausladender Krone. Wächst sie zwischen anderen Bäumen, wird der Stamm höher und die Krone schmaler. Ihre wechselständigen, gestielten Blätter sind annähernd rundlich und laufen spitz zu. Am Stielansatz sind sie schief herzförmig eingeschnitten. Der Blattrand ist fein gezackt, und in den Rippenwinkeln auf der Blattunterseite stehen bräunliche Haarbüschel.

Blüten: Im Juni oder Juli erscheinen vier bis elf lang gestielte, gelbliche Blüten in hängenden, doldenartigen Blütenständen. An der Basis ist jeder Blütenstand mit einem schmalen Blatt verwachsen.

Früchte: Die kugeligen Nüsschen können mit den Fingern zerdrückt werden. Der Fruchtstand gleicht in der Anordnung dem Blütenstand.

Vorkommen: Auwälder, Laubmischwälder, sonnige Hänge; auch als Park- oder Straßenbaum angepflanzt.

Bedeutung: Die Blüten der Winterlinde enthalten duftendes ätherisches Öl, Flavonoide, Gerb- und Schleimstoffe. Der schweißtreibende Lindenblütentee wird als klassisches Hausmittel – auch als kommerzielles Präparat – gegen fiebrige Erkältungskrankheiten getrunken. Außerdem wird er bei Katarrhen der Atemwege und bei Blasen- und Nierenleiden verordnet. Die Homöopathie kennt Lindenblüten auch als Rheumamittel.

Die Blüten der ähnlichen Sommerlinde *(Tilia platyphyllos)* sind ebenso wirksam. In ihren Blütenständen stehen nur zwei bis fünf Blüten.

Blüte gelb, mehrblättrig

Kalmus
Acorus calamus

Merkmale: Der 50–150 cm hohe Kalmus ist eine Staude mit aufrechtem, dreikantigem Stängel, der am Grund rötlich überlaufen ist. Er wächst aufrecht aus einem im Schlamm kriechenden Wurzelstock empor. Die 1 m langen, aber nur 2 cm breiten Blätter stehen in zwei Zeilen.
Blüten: Von Juni bis Juli erscheinen die Blüten in einem grünlichen, 4–8 cm langen Kolben in der Achsel eines schmalen Tragblattes, das in der Verlängerung des Stängels zu stehen scheint. Die zwittrigen Einzelblüten sind winzig klein.
Früchte: Der Kalmus bildet in Mitteleuropa keine Früchte aus. Er vermehrt sich über das starke Wachstum des verzweigten Rhizoms.
Vorkommen: Im schlammigen Randbereich stehender oder langsam fließender Gewässer; selten und daher geschützt.
Bedeutung: Der Kalmus stammt ursprünglich aus Indien und wurde möglicherweise von Alexander dem Großen als Heilpflanze nach Kleinasien gebracht. Von dort gelangte er in die Kräutergärten Mitteleuropas. Sein Wurzelstock enthält Bitterstoffe, Gerbstoffe und ätherisches Öl. Er diente als Heilmittel bei Appetitlosigkeit sowie Magen- und Darmstörungen. Da einer seiner Inhaltsstoffe als krebserregend gilt, wird die Droge nicht mehr verwendet. Im Volksglauben diente der Kalmus als Abwehrzauber gegen Schlaganfall.

Der kolbenartige Blütenstand macht den Kalmus unverwechselbar.

Blüte gelb, mehrblättrig

> **Bestimmungstipp:**
> Das gelbe Blütenköpfchen mit distelartig spitzen Hüllblättern ist charakteristisch für das Benediktenkraut.

Benediktenkraut
Cnicus benedictus

Merkmale: Das 10–40 cm hohe Benediktenkraut ist eine einjährige Pflanze mit verzweigtem, fünfkantigem Stängel. Seine wechselständigen, länglichen Blätter sind unregelmäßig gezackt und mit distelartigen Stacheln besetzt. Die unteren Blätter bilden eine Rosette, die oberen umfassen den Stängel. Die gesamte Pflanze ist weiß behaart.

Blüten: Zwischen Juni und Juli erscheinen am Ende des Stängels die Blüten in einem Körbchen, das nur aus gelben Röhrenblüten besteht. Es ist von ausgebreiteten, rötlichen Hüllblättern umgeben, die lang und spitz gezackt sind und in einen gebogenen Stachel auslaufen.

Früchte: Die kleinen Früchte tragen Flughaare.

Vorkommen: Das Benediktenkraut stammt aus dem Mittelmeergebiet und gelangte über Klostergärten nach Mitteleuropa; gelegentlich aus Kultur verwildert.

Bedeutung: Die getrockneten Blätter des Benediktenkrauts und die Triebspitzen mit den Blütenkörbchen enthalten Bitterstoffe, Flavonoide und etwas ätherisches Öl. Die Droge, die in größeren Mengen Brechreiz erzeugen kann, ist häufiger Bestandteil von Kräuterlikören, wird aber auch medizinisch bei Verdauungsbeschwerden, Appetitlosigkeit, Leber- und Gallenleiden verordnet. Ihre äußerliche Anwendung in der Volksheilkunde als Mittel gegen Frostbeulen und Geschwüre ist in Vergessenheit geraten.

Das Benediktenkraut findet man fast ausschließlich in Kräutergärten.

Blüte gelb, mehrblättrig

> **Bestimmungstipp:** Die dicht gedrängten, von kaum stechenden Hochblättern umgebenen Blütenkörbchen sind ein typisches Merkmal der Kohlkratzdistel.

Trotz ihres Namens stechen die Blätter der Kohlkratzdistel, hier die Hochblätter unterhalb der Blütenkörbchen, kaum.

Kohlkratzdistel
Cirsium oleraceum

Merkmale: Die 30–150 cm hohe Kohlkratzdistel ist eine Staude mit aufrechtem, im oberen Bereich behaartem Stängel, der sich nur wenig verzweigt. Ihre wechselständigen Blätter sind ungeteilt eiförmig oder tief in zugespitzte Lappen eingeschnitten. Die obersten Blätter umfassen den Stängel mit einer herzförmigen Basis. Alle Blätter sind weich und nur wenig gestachelt.

Blüten: Die Blüten erscheinen zwischen Juli und September in Körbchen, die, selten einzeln, meist aber zu wenigen gedrängt am Ende des Stängels stehen. Direkt unterhalb der Blütenkörbchen sitzen hellgrüne, ovale Hochblätter mit kaum stechenden Stacheln. Die einzelnen Körbchen enthalten nur gelblich weiße Röhrenblüten, die von spinnwebartig behaarten Hüllblättern umgeben sind.

Früchte: Die rund 5 mm langen Achänen tragen einen Kranz von Flughaaren.

Vorkommen: Sumpfige Wiesen, Gräben, Wälder, Ufer; auf feuchten Böden; häufig.

Bedeutung: Die Wurzel der Kohlkratzdistel enthält u. a. Alkaloide, Gerbstoffe und ätherisches Öl. Allerdings ist über die Wirkung dieser Inhaltsstoffe wenig bekannt, daher wird die Droge in der modernen Pflanzenmedizin nicht mehr verwendet. Früher galt sie als Heilmittel gegen Gicht und Rheuma und wurde sogar bei Krämpfen und Zahnschmerzen empfohlen.

Blüte gelb, mehrblättrig

> **Bestimmungstipp:**
> Der reich verzweigte Stängel, der an seinen Enden zahlreiche kleine Blütenkörbchen trägt, kennzeichnet den Gewöhnlichen Beifuß.

Gewöhnlicher Beifuß
Artemisia vulgaris

Merkmale: Der 50–150 cm hohe Gewöhnliche Beifuß ist eine Staude mit kräftigem, aufrechtem Stängel, der den Winter über stehen bleibt. Er ist längs gerillt, im oberen Bereich etwas behaart und erscheint oft rötlich überlaufen. Die wechselständigen, unterseits filzig behaarten Blätter haben zugespitze, längliche Fiedern, die nochmals tief gezackt sind. Während die unteren Blätter einen Stiel aufweisen, sitzen die oberen direkt dem Stängel an.

Blüten: Die Blüten erscheinen zwischen Juli und September in kleinen Körbchen, die zu Hunderten in Rispen am Ende des Stängels stehen und sich ausschießlich aus bräunlich gelben Röhrenblüten zusammensetzen.

Früchte: Die nur 1,5 mm langen Achänen tragen keinen Haarkranz.

Vorkommen: Ödland, Wege und Ufer; auf nährstoffreichen Lehmböden; sehr häufig.

Bedeutung: Die grünen Teile des Gewöhnlichen Beifußes enthalten einen Bitterstoff und wenig ätherisches Öl. Das giftige Thujon ist nur in sehr geringen Mengen vorhanden. Beifuß wird fast ausschließlich in der Volksheilkunde und als Gewürz verwendet. Er regt die Bildung von Verdauungssäften an und fördert den Appetit. Kelten und Germanen glaubten, dass in die Schuhe gelegter Beifuß der Ermüdung vorbeugt. Im Mittelalter galt er als Zaubermittel gegen die verschiedensten Leiden.

Beim Beifuß entwickeln sich aus den Blütenkörbchen kleine Früchte ohne Haarkranz.

Blüte gelb, mehrblättrig

Die Blütenkörbchen des Wermuts stehen im Sommer sehr zahlreich im oberen Bereich des Stängels.

Echter Wermut
Artemisia absinthium

Merkmale: Der 30–80 cm hohe Echte Wermut ist ein Halbstrauch mit aufrechtem, im oberen Bereich reich verzweigtem Stängel, der dicht grau behaart und an der Basis meist verholzt ist. Die wechselständigen, dicht filzig behaarten Blätter sind mehrfach in schmale, zugespitzte Teilblättchen gefiedert. Nur im oberen Stängelbereich können auch einfach gefiederte oder ungeteilte Blätter vorkommen.

Blüten: Die Blüten werden zwischen Juli und September gebildet. Sie stehen in Hunderten von kleinen Körbchen in einem rispenartigen Blütenstand am Ende des Stängels. Die Körbchen enthalten gelbe Röhrenblüten.

Früchte: Die 1,5 mm langen Achänen tragen keinen Haarkranz.

Vorkommen: Ödland, Wege und Mauern; auf steinigen, lockeren Lehmböden; in freier Natur selten und nur aus Gärten verwildert.

Bedeutung: Der Wermut ist eine sehr alte Gewürz- und Heilpflanze. Er enthält in seinen oberirdischen Teilen u. a. Flavonoide, einen Bitterstoff und ätherisches Öl. Die Droge wirkt appetitanregend und verdauungsfördernd, wurde in der Volksheilkunde aber auch gegen Eingeweidewürmer verwendet. Früher stellte man aus dem Wermut Absinthliköre her. Das Thujon, ein Bestandteil des Öls, ist jedoch giftig und führt langfristig zu schweren Gesundheitsschäden.

Bestimmungstipp: An den silbergrauen, dicht filzig behaarten, mehrfach gefiederten Blättern kann man den Wermut erkennen.

Blüte gelb, mehrblättrig

> **Bestimmungstipp:**
> Der aromatische Duft der nadelartig schmalen Blätter ist das sicherste Merkmal des Estragons.

Estragon
Artemisia dracunculus

Merkmale: Der 60–120 cm hohe Estragon ist eine Staude mit aufrechtem, kahlem und dicht beblättertem Stängel. Seine wechselständigen Blätter sitzen ohne Stiel direkt dem Stängel an. Sie sind bis 10 cm lang, aber nur 2–8 mm breit und haben meist einen glatten Rand. Im unteren Stängelbereich können auch Blätter mit dreiteilig gezackten Spitzen vorkommen. Die ganze Pflanze riecht aromatisch.

Blüten: Von August bis Oktober erscheinen die Blüten in zahlreichen Körbchen in einem rispenartigen Blütenstand am Ende des Stängels. Sie bestehen lediglich aus gelben Röhrenblüten.

Früchte: In Mitteleuropa blüht der Estragon nur mit unfruchtbaren weiblichen Fruchtknoten, d. h., es werden keine Achänen ausgebildet.

Vorkommen: Estragon kommt in Asien und Nordamerika vor und wird bei uns als Gewürz angepflanzt; gelegentlich verwildert er aus Gärten.

Bedeutung: Der Estragon ist vor allem eine Gewürzpflanze, die für die Herstellung von Essig und Senf oder als Salatbeigabe verwendet wird. In Europa wurde er zur Zeit Ludwigs XIV. populär gemacht. Seine Blätter enthalten Gerb- und Bitterstoffe sowie ätherisches Öl. Medizinisch wird er nur noch in der Volksheilkunde bei Verdauungsstörungen und außerdem als harntreibende Droge genutzt.

Die nach Zitrone riechende Eberraute *(Artemisia abrotanum)* **hat mehrfach gefiederte Blätter mit schmalen Teilblättchen.**

Blüte gelb, mehrblättrig

Bestimmungstipp:
Die beiden unterschiedlichen Blattformen und die großen, gelben Blütenkörbchen charakterisieren die Arnika.

Arnika, Bergwohlverleih
Arnica montana

Merkmale: Die 20–60 cm hohe Arnika ist eine Staude mit geradem, behaartem Stängel, der sich nur im Bereich der Blüte wenig verzweigt. Ihre ungestielten, ovalen Grundblätter stehen in einer Rosette. Sie haben einen glatten oder rundlich gezackten Rand. Am Stängel sitzen meist nur ein bis drei deutlich kleinere ungestielte Blätter.

Blüten: Zwischen Mai und August erscheinen am Stängelende zwei bis fünf 5–8 cm breite Körbchenblüten. Umgeben von behaarten Hüllblättern stehen am Rand die weiblichen, schmalen, dottergelben Zungenblüten, im Zentrum zwittrige, ebenfalls gelbe Röhrenblüten.

Früchte: Die etwa 6 mm langen Achänen tragen einen gelblichen Haarkranz.

Vorkommen: Mittelgebirge und Alpen, Heiden und lichte Wälder; auf nährstoffarmen Böden; im Tiefland und auf kalkhaltigen Böden selten; geschützt.

Bedeutung: Während Arnika früher in jede Hausapotheke gehörte, wird heute wegen der Giftigkeit vom Gebrauch abgeraten. Die Blüten enthalten ätherisches Öl, Flavonoide, Bitter- und andere Wirkstoffe. Man verarbeitet Arnika zu einer heilungsfördernden und entzündungshemmenden Tinktur, die äußerlich bei Rheuma, Blutergüssen, Stauchungen und Quetschungen angewandt wird. Innerlich regen Arnikapräparate Herz und Kreislauf an.

Die Großblütige Gämswurz *(Doronicum grandiflorum)* hat ähnliche Blütenkörbchen, aber gestielte ovale Grundblätter.

Blüte gelb, mehrblättrig

Gartenringelblume
Calendula officinalis

Merkmale: Die 20–50 cm hohe Gartenringelblume ist eine einjährige Pflanze mit aufrechtem Stängel. Wegen der drüsigen Behaarung fühlt er sich etwas klebrig an. Ihre wechselständigen, länglich-ovalen Blätter sitzen ohne Stiel direkt dem Stängel an und sind dicht behaart.

Blüten: Zwischen Juni und September erscheinen die Blüten. Sie stehen in 3–5 cm breiten Körbchen am Ende des Stängels. Die zahlreichen Zungenblüten am Rand enden mit drei kleinen Zipfeln und sind ebenso wie die Röhrenblüten im Innern des Körbchens gelb oder orange gefärbt.

Früchte: Im Zentrum des Körbchens werden wurmartig gekrümmte, außen kahnförmige Früchte gebildet.

Vorkommen: Die Gartenringelblume stammt aus dem Mittelmeergebiet und wurde als Zierpflanze nach Mitteleuropa eingeführt; gelegentlich in Siedlungsnähe verwildert.

Bedeutung: Die Blüten der Gartenringelblume enthalten u. a. ätherisches Öl, Flavonoide und Bitterstoffe. Die Droge wirkt ähnlich entzündungshemmend wie Arnika, ist aber ungefährlich. Sie wird vor allem äußerlich als Salbenzubereitung zur Behandlung von Wunden und Geschwüren, aber auch als Gurgelmittel bei Entzündungen im Mund- und Rachenraum verwendet. Ringelblumen sind ein altes Volksheilmittel und werden auch in der Homöopathie eingesetzt.

Rein gelbe Blütenköpfchen kommen bei der Gartenringelblume ebenso häufig vor wie orangefarbene Töne.

Blüte gelb, mehrblättrig

Echter Alant
Inula helenium

Merkmale: Der 80–200 cm hohe Echte Alant ist eine Staude mit kräftigem, rundlichem Stängel, der behaart und längs gerillt ist. Seine wechselständigen Blätter sitzen mit sehr kurzem Stiel dem Stängel an und haben auf der Blattunterseite deutlich hervortretende Adern. Die Stängelblätter sind oval, am Rand fein gezackt und deutlich kleiner als die bis 70 cm langen Grundblätter.

Blüten: Zwischen Juli und August erscheinen die 6–7 cm breiten Blüten in Körbchen meist einzeln am Ende des Stängels. Die sehr zahlreichen gelben Zungenblüten am Rand sind nur 2 mm breit und 2–3 cm lang. Im Innern des Körbchens stehen Röhrenblüten.

Früchte: Die 5 mm langen Achänen tragen gelbliche Flughaare.

Vorkommen: Der Echte Alant stammt aus Südosteuropa und Südwestasien und konnte in Mitteleuropa gelegentlich in der Nähe von Gärten verwildern.

Bedeutung: Ursprünglich wurde der Echte Alant als Zierpflanze eingeführt. Er enthält jedoch in seinem Wurzelstock ätherisches Öl, das medizinisch verwendet wird. Die Droge ist harntreibend und keimtötend. Sie senkt den Hustenreiz und fördert den Auswurf von Schleim, daher wird sie bei chronischer Bronchitis und Keuchhusten verordnet. Außerdem regt sie den Gallenfluss an. Das Inulin, eine Zuckerverbindung, wird auch von Diabetikern vertragen.

Die sehr schmalen und zahlreichen Zungenblüten sind Kennzeichen des Echten Alants.

Blüte gelb, mehrblättrig

Frühlingsadonisröschen
Adonis vernalis

Merkmale: Das 10–30 cm hohe Frühlingsadonisröschen ist eine Staude mit aufrechtem, fein längs gerilltem Stängel, der sich allenfalls im oberen Bereich etwas verzweigt. Die wechselständigen Blätter stehen sehr dicht und ohne Stiel dem Stängel an. Sie sind mehrfach gefiedert, wobei die einzelnen Teilblättchen kaum 1 mm breit werden.

Blüten: Zwischen April und Mai erscheinen die 4–7 cm breiten, goldgelben Blüten einzeln am Ende des Stängels. Sie bestehen aus bis zu 20 länglichen Blütenblättern und tragen im Innern zahlreiche Staubblätter.

Früchte: Als Früchte werden 5 mm lange Nüsschen mit einem hakenförmigen Fortsatz gebildet.

Vorkommen: Trockenrasen und -gebüsche; auf humushaltigen, nährstoffreichen Böden, an warmen, besonnten Stellen; sehr selten und geschützt.

Bedeutung: Die oberirdischen Teile des Frühlingsadonisröschens enthalten verschiedene herzwirksame Glykoside, daher muss diese Pflanze als giftig bezeichnet werden. Die Droge wird in der Pflanzenmedizin in Form von Präparaten zur Behandlung von Herzschwäche oder Herzbeschwerden eingesetzt. Außerdem gilt sie als harntreibend und beruhigend. Während das Frühlingsadonisröschen in der Volksheilkunde keine Rolle spielt, nutzt die Homöopathie es bei Herzschwäche und Überfunktion der Schilddrüse.

Bestimmungstipp: Die Blüten und die dicht stehenden Blätter mit dünnen Fiedern kennzeichnen das Frühlingsadonisröschen eindeutig.

Beim Frühlingsadonisröschen stehen im Innern der Blüte zahlreiche Staubblätter.

Blüte gelb, mehrblättrig

> **Bestimmungstipp:**
> Die kleinen Blütenkörbchen aus Röhrenblüten und die gefiederten, farnartigen Blätter sind Kennzeichen des Rainfarns.

An der Küste kommt die Sandstrohblume *(Helichrysum arenarium)* **mit ähnlichen Blüten, aber filzig behaarten Blättern vor.**

Rainfarn
Tanacetum vulgare

Merkmale: Der 40–150 cm hohe Rainfarn ist eine Staude mit aufrechtem, dicht beblättertem Stängel. Seine wechselständigen Blätter sind unpaarig gefiedert. Die länglichen Teilblättchen sind am Rand gezackt.

Blüten: Die 5–10 mm breiten, gelben Blütenkörbchen werden zwischen Juli und September gebildet. Sie stehen am Ende des Stängels in einem breiten, doldenartigen Blütenstand. Jedes Körbchen enthält nur Röhrenblüten und wird von kleinen Hüllblättern kelchartig eingefasst.

Früchte: Die nur 1 mm langen Achänen tragen keinen Haarkranz.

Vorkommen: Ufer, Ödland, Wegränder und Wälder; auf feuchten, sandigen Lehmböden; häufig.

Bedeutung: Blätter und Blüten des Rainfarns enthalten Bitterstoffe und ätherisches Öl mit Thujon, daher gehört er zu den Giftpflanzen. Im Mittelalter galt er als ausgezeichnetes Mittel gegen Eingeweidewürmer und wurde von Karl dem Großen sogar zum Anbau empfohlen. Dem Rainfarn sprach man allerlei magische Kräfte zu. So sollte er vor Hexen und Zauberern schützen und, wenn man ihn bei Gewitter im Kamin verbrannte, auch vor Blitzschlag. Medizinisch wird die Droge nur noch selten in der Volksheilkunde bei Wurmbefall, Verdauungs- und Menstruationsstörungen und äußerlich bei Wunden verwendet.

Blüte gelb, mehrblättrig

> **Bestimmungstipp:**
> Die geflügelten Blattstiele und ein lockerer Blütenstand mit Körbchen aus schmalen Zungen- und Röhrenblüten kennzeichnen die Gewöhnliche Goldrute.

Gewöhnliche Goldrute
Solidago virgaurea

Merkmale: Die 20–120 cm hohe Gewöhnliche Goldrute ist eine Staude mit aufrechtem, rundem Stängel, der im oberen Bereich Längsfurchen trägt. In seinem unteren Teil kann er rötlich überlaufen sein. Die wechselständigen, schmalen Blätter verschmälern sich noch einmal in einen geflügelten Stiel, nur die oberen Blätter sind kleiner und sitzen direkt dem Stängel an. Sie können einen glatten oder spitz gezackten Rand haben.

Blüten: Die gelben Körbchenblüten erscheinen zwischen Juli und Oktober am Ende des Stängels in einem länglichen, hohen Blütenstand. Jedes Körbchen besteht aus wenigen länglichen Zungenblüten und Röhrenblüten in der Mitte.

Früchte: Als Früchte werden Achänen mit einem Haarkranz ausgebildet.

Vorkommen: Lichte Wälder, Heiden, Gebüsche und Wiesen; auf lockeren, steinigen Lehmböden.

Bedeutung: Die grünen Teile der Gewöhnlichen Goldrute enthalten Flavonoide, Saponin, Gerbstoffe und ätherisches Öl. Die harntreibende Wirkung wird sowohl in der Pflanzenmedizin wie in der Homöopathie zur Ausschwemmung von Wasser aus dem Körper bei Rheuma und Nierenleiden genutzt. Möglicherweise kann sie auch das Immunsystem des Körpers stärken und so Infektionen vorbeugen. In der Volksheilkunde galt sie als Rheuma- und Wundheilmittel.

Die häufig in Gärten gepflanzte Kanadische Goldrute *(Solidago canadensis)* ist ebenfalls eine Heilpflanze mit ähnlicher Wirkung.

Blüte gelb, mehrblättrig

Löwenzahn, Kuhblume, Pusteblume
Taraxacum officinale

Merkmale: Der 10–50 cm hohe Löwenzahn ist eine Staude mit einem gestauchten Stängel und einer tief reichenden, verdickten Wurzel. Alle Blätter stehen in einer grundständigen Rosette. Sie sind länglich und fast bis zur Mittelrippe grob gezackt.

Blüten: Zwischen April und August, zuweilen auch bis in den Herbst hinein, erscheinen die bis zu 5 cm breiten Blütenkörbchen einzeln am Ende eines blattlosen Stängels. Er ist hohl und enthält reichlich weißen Milchsaft. Die gelben Blütenkörbchen bestehen ausschließlich aus Zungenblüten.

Früchte: Die 5 mm langen Achänen haben einen sehr langen, dünnen Fortsatz, an dessen Ende Flughaare sitzen und der »Pusteblume« ein kugeliges Aussehen verleihen.

Vorkommen: Rasen und Wegränder; auf nährstoffreichen Lehmböden; sehr häufig.

Bedeutung: Die grünen Teile des Löwenzahns werden vor der Blütezeit als Heilkraut eingeschätzt. Sie enthalten u. a. Bitterstoffe, Flavonoide und Kalium. In der Wurzel sind verschiedene Zuckerverbindungen enthalten. Löwenzahn fördert die Sekretion von Galle und ist harntreibend. Daher wird er bei Leber- und Gallenleiden, Verdauungsstörungen und bei Rheuma verordnet. In der Volksheilkunde dienten die Blätter, als Salat zubereitet, als Frühjahrskur. Der Milchsaft ist giftig.

Das Kleine Habichtskraut *(Hieracium pilosella)* hat ein ähnliches Blütenkörbchen. Seine Blätter sind jedoch behaart, und der Blütenstängel ist nicht hohl.

Blüte gelb, mehrblättrig

> **Bestimmungstipp:**
> Der typische, Blüten tragende Stängel kommt nur beim Huflattich vor.

Huflattich
Tussilago farfara

Merkmale: Der 5–15 cm hohe Huflattich ist eine Staude mit einem hohlen, weichen und daher etwas schlaffen Stängel. Zur Blütezeit ist er von wechselständigen, schuppenförmigen Blättern besetzt. Der Stängel ist weißfilzig behaart, die Blätter rötlich überlaufen. Erst nach der Blütezeit treiben gestielte Grundblätter aus. Sie haben eine bis zu 20 cm große, herzförmige Spreite. Vor allem im jungen Zustand sind sie dicht weiß behaart, später nur noch auf der Unterseite.

Blüten: Zwischen Februar und April erscheinen die goldgelben 2–2,5 cm breiten Blütenkörbchen einzeln am Ende des Stängels. Am Rand stehen zahlreiche nur 0,5 mm breite Zungenblüten, im Zentrum Röhrenblüten.

Früchte: Die Achänen werden rund 4 mm lang und tragen einen dichten Haarkranz.

Vorkommen: Ufer, Ödland, Wege und Schutt; auf kalkhaltigen, feuchten Böden; sehr häufig.

Bedeutung: Huflattichtee, der aus den Blüten und Blättern bereitet wird, war einst ein beliebtes Hausmittel gegen Erkältungskrankheiten mit Husten. Die Pflanze enthält Schleim- und Gerbstoffe sowie Flavonoide. Inzwischen konnte nachgewiesen werden, dass Huflattich außerdem Spuren von Pyrrolizidin-Alkaloiden enthält. Diese Substanz schädigt die Leber und gilt als krebserregend. Daher sollte der Huflattich nicht als Heilpflanze verwendet werden.

Erst nach der Blütezeit entfalten sich die großen grundständigen Blätter des Huflattichs, zwischen denen die behaarten Fruchtstände auffallen.

Blüte gelb, mehrblättrig

Scharbockskraut
Ranunculus ficaria

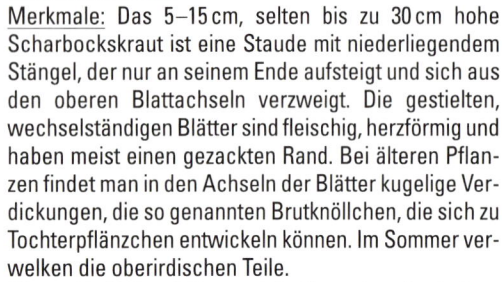

Merkmale: Das 5–15 cm, selten bis zu 30 cm hohe Scharbockskraut ist eine Staude mit niederliegendem Stängel, der nur an seinem Ende aufsteigt und sich aus den oberen Blattachseln verzweigt. Die gestielten, wechselständigen Blätter sind fleischig, herzförmig und haben meist einen gezackten Rand. Bei älteren Pflanzen findet man in den Achseln der Blätter kugelige Verdickungen, die so genannten Brutknöllchen, die sich zu Tochterpflänzchen entwickeln können. Im Sommer verwelken die oberirdischen Teile.

Blüten: Zwischen März und April werden die 2–3 cm breiten Blüten gebildet. Sie stehen auf langen Stielen einzeln in den Achseln der oberen Blätter. Die kelchblättrigen Hüllblätter fallen früh ab. Die Zahl der schmalen Kronblätter schwankt zwischen acht und zwölf.

Früchte: Nur selten reifen die etwa 2 mm langen Früchte aus, die behaart sind und einen geraden Fortsatz tragen.

Vorkommen: Auwälder, lichte Laubwälder, Gebüsche; auf feuchten, humusreichen Böden; sehr häufig.

Bedeutung: Scharbock ist ein alter Name für Skorbut, eine Vitamin-C-Mangelkrankheit. Tatsächlich enthalten die jungen Blätter des Scharbockskrauts reichlich Vitamin C und wurden vorbeugend als Salat gegessen. Mit zunehmendem Alter reichern sich in den Pflanzen jedoch giftige Protoanemonine an. Der Saft frischer Brutknöllchen galt als Heilmittel gegen Warzen.

Bestimmungstipp: An den fleischigen, herzförmigen Blättern und den Brutknöllchen kann man das Scharbockskraut erkennen.

Am selben Standort kommt die Sumpfdotterblume *(Caltha palustris)* vor. Sie hat größere Blätter und Blüten mit nur fünf kronblattartigen Hüllblättern.

Blüte gelb, mehrblättrig

Bestimmungstipp: Typisch für die Gewöhnliche Berberitze sind dreiteilige Dornen.

Gewöhnliche Berberitze, Sauerdorn
Berberis vulgaris

Merkmale: Die sommergrüne Gewöhnliche Berberitze wächst zu einem 1–3 m hohen Strauch heran. An ihren bogig überhängenden, mit 2 cm langen Dornen besetzten Zweigen stehen wechselständige, gestielte Blätter in Büscheln zusammen. Zum Stielansatz hin verschmälern sich die elliptischen, vorn abgerundeten Blätter. Der Rand ist spitz gezackt.

Blüten: Zwischen April und Juni erscheinen die gelben Blüten in hängenden Trauben. Die sechs Blütenblätter neigen sich kugelig zusammen. Die jeweilige Endblüte der Traube weist allerdings nur fünf Kronblätter auf.

Früchte: Die länglichen Beeren sind etwa 1 cm groß und leuchtend rot gefärbt.

Vorkommen: Gebüsche, Hecken, Waldränder, Wege und Lichtungen.

Bedeutung: Die Früchte der Gewöhnlichen Berberitze enthalten Vitamin C und Fruchtsäuren, die Wurzeln und die Rinde Alkaloide und Gerbstoffe. Obwohl die Früchte kein Heilmittel im engen Sinne darstellen, werden sie zu vitaminreichen Getränken verarbeitet, aber auch als Abführmittel genutzt. Die Wurzelrinde ist wegen ihres Alkaloidgehalts giftig. Sie wird als homöopathisches Präparat gegen Rheuma, bei Leber- und Gallenstörungen sowie bei Hautleiden verordnet. Ein gereinigtes Alkaloid der Gewöhnlichen Berberitze ist manchmal in Augentropfen enthalten.

Die vitaminreichen Beeren der Gewöhnlichen Berberitze lassen sich zu Marmeladen verarbeiten.

175

Blüte gelb, spiegelsymmetrisch

Gewöhnliches oder Wildes Stiefmütterchen
Viola tricolor

Bestimmungstipp: Die Dreifarbigkeit der Blüte ist ein typisches Merkmal des Gewöhnlichen Stiefmütterchens.

Das ähnliche Ackerstiefmütterchen *(Viola arvensis)* hat einfarbig gelbe, allenfalls violett überlaufene Blüten.

Merkmale: Das 10–25 cm hohe Gewöhnliche Stiefmütterchen ist eine ein- bis mehrjährige Pflanze mit aufsteigendem Stängel, der sich nahe der Basis verzweigt. Im unteren Bereich sind die rundlich gezackten Blätter oval, im oberen eher länglich geformt. Am Grund des Blattstiels befinden sich tief eingebuchtete Nebenblätter mit schmalen Zipfeln.

Blüten: Die Blüten erscheinen zwischen Mai und Oktober einzeln an langen Stielen. Die Farben der einzelnen Blütenblätter variieren, doch sind zumindest das untere und die beiden seitlichen meist gelb oder cremeweiß gefärbt und tragen dunkle Längsstreifen. Die beiden oberen Blätter sind ebenfalls gelb oder auch violett, sodass die Blüte oft dreifarbig *(tricolor)* ist.

Früchte: Als Frucht wird eine rundliche Kapsel mit drei Fächern gebildet.

Vorkommen: Wiesen, Wegränder; auf nährstoffreichen Lehmböden; selten und schutzwürdig.

Bedeutung: Medizinisch werden die oberirdischen Teile des blühenden Gewöhnlichen Stiefmütterchens verwendet. Sie enthalten Saponin, Gerbstoffe, Flavonoide, Schleimstoffe und verschiedene Säuren. Die Pflanze wird innerlich und äußerlich u. a. gegen chronische Hautkrankheiten und Rheuma angewandt. Aus dem späten Mittelalter ist überliefert, dass das Stiefmütterchen gegen Epilepsie bei Kindern eingesetzt wurde.

Blüte gelb, spiegelsymmetrisch

Gewöhnliche Nachtkerze
Oenothera biennis

Merkmale: Die oft über 1 m hohe Gewöhnliche Nachtkerze ist eine zweijährige Pflanze mit aufrechtem, im oberen Teil undeutlich kantigem Stängel, der oben oft kurze Seitenzweige ausbildet. Ihre wechselständigen Blätter werden bis zu 15 cm lang. Sie sind länglich, zugespitzt und verschmälern sich in einen kurzen Stiel oder sitzen dem Stängel direkt an.

Blüten: Zwischen Juni und August erscheinen die bis zu 8 cm breiten Blüten einzeln in den Achseln der oberen Blätter. Sie blühen in der Dämmerung rasch auf, duften stark und bleiben bis zum nächsten Tag geöffnet. Die vier schmalen Kelchblätter sind bei geöffneten Blüten herabgeschlagen. Die vier rundlichen Kronblätter sind ungleich groß und vorn herzförmig eingeschnitten.

Früchte: Die kantigen Kapseln werden etwa 4 cm lang.

Vorkommen: Verschiedene Arten der Nachtkerze wurden aus Nordamerika als Zierpflanze nach Europa gebracht. Hier verwilderten sie bald und kreuzten sich untereinander. Die Gewöhnliche Nachtkerze wächst auf Hängen, Schotter- und Kiesflächen auf lockeren, nährstoffreichen Böden.

Bedeutung: Da die Gewöhnliche Nachtkerze Gerbstoffe enthält, diente sie in der Volksheilkunde als Mittel gegen Durchfall. Ihre ölhaltigen Samen liefern das Nachtkerzenöl, das gegen Beschwerden in den Wechseljahren und vor der Menstruation eingesetzt wird.

Die Blüten der Gewöhnlichen Nachtkerze wirken ein wenig asymmetrisch.

Blüte gelb, spiegelsymmetrisch

Auch der Wollige Fingerhut *(Digitalis lanata)* ist eine giftige Heilpflanze.

Gelber Fingerhut
Digitalis lutea

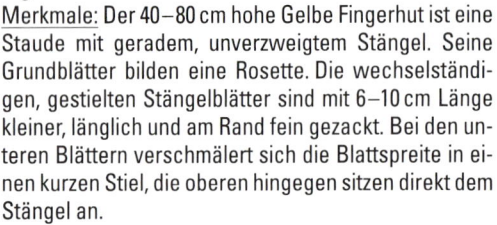

Merkmale: Der 40–80 cm hohe Gelbe Fingerhut ist eine Staude mit geradem, unverzweigtem Stängel. Seine Grundblätter bilden eine Rosette. Die wechselständigen, gestielten Stängelblätter sind mit 6–10 cm Länge kleiner, länglich und am Rand fein gezackt. Bei den unteren Blättern verschmälert sich die Blattspreite in einen kurzen Stiel, die oberen hingegen sitzen direkt dem Stängel an.

Blüten: Von Juni bis August werden die röhrenförmigen, gelben Blüten gebildet. Sie hängen im oberen Bereich des Stängels schräg herab, sind alle nach einer Seite gerichtet und blühen von unten nach oben auf. Die Kronröhre öffnet sich mit fünf ungleich großen Zipfeln.

Früchte: Die fast schwarzen Samen reifen innerhalb einer Kapselfrucht heran.

Vorkommen: Waldwege und -lichtungen; auf kalkfreien, lockeren Lehmböden; selten und geschützt.

Bedeutung: Ebenso wie der bekanntere Rote Fingerhut *(Digitalis purpurea)* enthält der gleichfalls stark giftige Gelbe Fingerhut in seinen grünen Teilen vor allem herzwirksame Glykoside, Saponin und Flavonoide. Während man in der Medizin früher die Glykoside zur Stärkung des Herzens direkt aus der Pflanze gewann, greift man heute auf synthetische Präparate zurück. In der Homöopathie werden jedoch gelegentlich noch pflanzliche Digitalis-Präparate eingesetzt.

> **Bestimmungstipp:**
> Der Gelbe Fingerhut hat 2–2,5 cm lange und damit kürzere Blüten als der Großblütige Fingerhut.

Blüte gelb, spiegelsymmetrisch

Bestimmungstipp: Der Großblütige Fingerhut hat 3–4 cm lange Blüten.

Großblütiger Fingerhut
Digitalis grandiflora

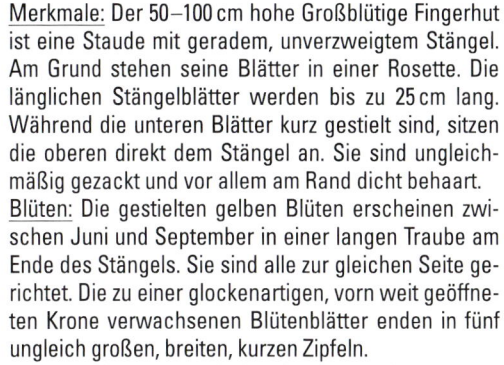

Merkmale: Der 50–100 cm hohe Großblütige Fingerhut ist eine Staude mit geradem, unverzweigtem Stängel. Am Grund stehen seine Blätter in einer Rosette. Die länglichen Stängelblätter werden bis zu 25 cm lang. Während die unteren Blätter kurz gestielt sind, sitzen die oberen direkt dem Stängel an. Sie sind ungleichmäßig gezackt und vor allem am Rand dicht behaart.

Blüten: Die gestielten gelben Blüten erscheinen zwischen Juni und September in einer langen Traube am Ende des Stängels. Sie sind alle zur gleichen Seite gerichtet. Die zu einer glockenartigen, vorn weit geöffneten Krone verwachsenen Blütenblätter enden in fünf ungleich großen, breiten, kurzen Zipfeln.

Früchte: Als Frucht wird eine Kapsel gebildet.

Vorkommen: Waldlichtungen und Wiesen; auf nährstoffreichen, humushaltigen Lehmböden; selten und daher geschützt.

Bedeutung: Auch der Großblütige Fingerhut enthält in seinen grünen Teilen herzwirksame Glykoside, Saponine und Flavonoide. Obwohl die giftigen Glykoside in geringerer Konzentration als im Roten Fingerhut *(Digitalis purpurea)* vorkommen, ist der Großblütige Fingerhut ebenfalls eine gefährliche Giftpflanze. Seine Inhaltsstoffe sollen zwar besser verträglich sein als bei verwandten Arten, dennoch spielt er heute in der Pflanzenmedizin eine untergeordnete Rolle.

Die braunen netzartigen Zeichnungen im Blüteninnern sind ein charakteristisches Merkmal des Großblütigen Fingerhuts.

Blüte gelb, spiegelsymmetrisch

Bestimmungstipp:
Die in langen Trauben stehenden Schmetterlingsblüten und der Waldmeisterduft sind typische Merkmale des Echten Steinklees.

Die Schmetterlingsgestalt der Blüten erkennt man beim Echten Steinklee erst bei genauem Hinsehen.

Echter Steinklee
Melilotus officinalis

Merkmale: Der 30–120 cm hohe Echte Steinklee ist eine zweijährige Pflanze mit aufrechtem, kantigem Stängel, der an der Basis verholzen kann. Seine gestielten, wechselständigen Blätter sind kleeartig gefiedert, wobei die Endfieder länger gestielt ist als die beiden seitlichen. Die ovalen Teilblättchen haben einen gezackten Rand. Am Grund des Stängels sitzen kleine Nebenblätter mit glattem Rand.

Blüten: Die Blüten erscheinen von Juni bis September in bis zu 10 cm langen, ährenartigen Trauben am Ende des Stängels und in den Achseln der oberen Blätter. Die Fahne der gelben Schmetterlingsblüte ist länger als die Flügel, und diese sind länger als das Schiffchen.

Früchte: Als Frucht wird eine nur 3–4 mm lange, hängende Hülse ausgebildet.

Vorkommen: Ödland, Kiesgruben und Steinbrüche; auf nährstoffreichen, trockenen Böden; häufig.

Bedeutung: Blätter und Blüten des Echten Steinklees enthalten Flavonoide, Gerbstoffe, Schleimstoffe und Cumarin. Daher duften trockene Pflanzen etwas nach Waldmeister. Die Droge wird zu Präparaten gegen Venenerkrankungen und Thrombose verarbeitet. In der Volksheilkunde dient der Steinklee als Heilmittel bei Husten und wird in Umschlägen auf Schwellungen und Geschwüre gelegt. Die Homöopathie nutzt ihn bei Kopfschmerzen und Migräne.

Blüte gelb, spiegelsymmetrisch

Bestimmungstipp:
Wollig behaarte Kelche kommen in dieser Form nur beim Echten Wundklee vor.

Echter Wundklee
Anthyllis vulneraria

Merkmale: Der 10–40 cm hohe Echte Wundklee ist eine Staude mit niederliegendem bis aufrechtem Stängel. Seine wechselständigen Blätter sind unpaarig gefiedert. Zur Blattbasis hin nimmt die Größe der Fiedern ab. Die Endfieder der unteren Blätter ist mit bis zu 7 cm Länge deutlich größer als die seitlichen Fiedern. Die oberen Blätter sitzen direkt dem Stängel an.

Blüten: Von Mai bis Juni erscheinen die 1–2 cm langen, gelben Blüten in bis zu 6 cm breiten Köpfchen in den Achseln von kleinen, gefiederten Hochblättchen. In den Alpen wachsender Wundklee bildet dunkler gefärbte Blüten aus. Die einzelnen Schmetterlingsblüten sitzen in einem bauchigen, dicht behaarten Kelch.

Früchte: Die Hülse bleibt von dem trockenen Kelch umgeben, der als Flugorgan dient.

Vorkommen: Trockenrasen, Wege, lichte Wälder, Gebüsche; stets auf trockenen, kalkhaltigen Lehmböden.

Bedeutung: Der Echte Wundklee ist eine Pionierpflanze, die auch brachliegende Böden rasch besiedeln kann. Medizinisch werden die Blüten und das Kraut verwendet. Es enthält Saponine und Gerbstoffe. In der Pflanzenmedizin und auch in den Kräuterbüchern des Mittelalters spielt der Wundklee keine Rolle. In der Volksheilkunde jedoch wird er, frisch zerdrückt, auf Wunden gelegt oder zum Gurgeln bei Entzündungen von Rachen und Mandeln verwendet.

Durch die Behaarung der Kelche erscheinen die Köpfchen des Echten Wundklees insgesamt wollig.

Blüte gelb, spiegelsymmetrisch

Bestimmungstipp:
Die Blätter und die beiden Zähnchen in der Lippenblüte sind ein Erkennungsmerkmal des Gelben Hohlzahns.

Der ähnliche Bunte Hohlzahn *(Galeopsis speciosa)* **hat eine rote bis violette Unterlippe.**

Gelber Hohlzahn, Saathohlzahn
Galeopsis segetum

Merkmale: Der Gelbe Hohlzahn ist eine 10–40 cm hohe, einjährige Pflanze mit aufrechtem, verzweigtem Stängel, der vierkantig ist und eine sehr kurze, spärliche Behaarung trägt. Die gegenständigen, ovalen, bis 4 cm langen Blätter sind kurz gestielt und am Rand brennnesselartig grob gezackt. Während die Unterseite dicht behaart ist, trägt die Blattoberseite nur kurze Haare.

Blüten: Die gelben Blüten werden zwischen Juni und September in dichten Quirlen in den Achseln der oberen Blätter gebildet. Ihr Kelch ist bis etwa zur Hälfte in fünf schmale, behaarte Zipfel eingeschnitten, die in eine dünne Spitze auslaufen. Die 2,5–3,5 cm lange Blütenkrone ist in eine helmförmige, behaarte Ober- und eine dreiteilige Unterlippe mit großem Mittellappen geteilt. Der Mittellappen trägt seitlich, am Eingang zur Kronröhre, je einen kleinen, zahnartigen Höcker sowie auf seiner Fläche meist eine dunklere Zeichnung.

Früchte: Die Früchte bestehen aus vier Nüsschen.

Vorkommen: Waldränder, lichte Wälder und Ödland; auf kalkarmen, sandigen Böden.

Bedeutung: Die getrockneten oberirdischen Teile bilden die Droge des Gelben Hohlzahns. Sie enthalten Kieselsäure, Saponine, Gerbstoffe und ätherisches Öl. Man verwendet sie in der Volksheilkunde bei Katarrhen der Atemwege, früher sogar bei Lungentuberkulose, in der Homöopathie selten noch bei Blasen- und Nierenleiden.

Blüte gelb, spiegelsymmetrisch

> **Bestimmungstipp:**
> Nur das Gewöhnliche Leinkraut besitzt solche großen, gespornten gelben Blüten.

Gewöhnliches Leinkraut
Linaria vulgaris

Merkmale: Das 20–70 cm hohe Gewöhnliche Leinkraut ist eine Staude mit geradem Stängel, der sich unten oder im Bereich der Blüten verzweigen kann. Seine wechselständigen Blätter sind sehr schmal, zugespitzt und sitzen ohne Stiel direkt dem Stängel an. Ihr Rand ist meist nach unten eingerollt, und die Mittelader tritt auf der Blattunterseite deutlich hervor.

Blüten: Die gelben Blüten erscheinen zwischen Juni und September. Sie stehen auf sehr kurzen Stielen in Trauben am Ende der Triebe. In dem einfachen fünfzipfeligen Kelch sitzt die zweilippige Krone mit einem spitzen, bis 1,5 cm langen Sporn. Die aufrechte Oberlippe ist zweilappig, die Unterlippe dreilappig. An ihrem Grund verschließen zwei deutliche, orangefarbene Höcker den Eingang zum Schlund.

Früchte: Als Frucht wird eine 8 mm lange Kapsel gebildet, die sich mit mehreren Zähnen öffnet.

Vorkommen: Hänge, Wegränder, Waldlichtungen, Steinbrüche und Schotter; auf lockeren, steinigen Böden; häufig.

Bedeutung: Medizinisch werden die oberen, blühenden Teile des Gewöhnlichen Leinkrauts verwendet. Sie enthalten verschiedene Flavon-Glykoside. Nur noch selten wird die Droge in der Volksheilkunde als Abführmittel genutzt. Im Mittelalter galt das Leinkraut dagegen als wirksamer Gegenzauber bei angehexten Krankheiten.

Der Sporn und die Höcker, die den Eingang zur Kronröhre verschließen, sind typische Merkmale des Gewöhnlichen Leinkrauts.

Blüte gelb, spiegelsymmetrisch

Besenginster
Cytisus scoparius

Bestimmungstipp: Charakteristische Merkmale des Besenginsters sind die rutenförmigen, fast nackten Zweige mit den großen Blüten.

Der Färberginster *(Genista tinctoria)* hat längere, ungeteilte Blätter und schmalere Blüten.

Merkmale: Der Besenginster ist ein 1–2 m hoher, sommergrüner Strauch, dessen rutenförmig aufrechte Zweige sich verästeln. Seine grünen, deutlich fünfkantigen Triebe tragen kleeartige Blätter mit drei jeweils 1 cm langen, kurz behaarten Teilblättchen. Da sie früh abfallen können, wirkt der Strauch nicht selten kahl. Im Bereich der Blüten treten auch ungeteilte Blätter auf.

Blüten: Zwischen Mai und Juli erscheinen die 2–2,5 cm langen, goldgelben Schmetterlingsblüten. Solange sie unbestäubt bleiben, ist der untere Teil, das Schiffchen, geschlossen. Lässt sich jedoch eine schwere Hummel darauf nieder, springt es auf, und die Staubgefäße schnellen heraus.

Früchte: Als Früchte werden abgeflachte, bis 6 cm lange Hülsen gebildet, die am Rand dicht behaart sind.

Vorkommen: Wegränder, Böschungen, lichte Wälder; auf lockeren, steinigen oder sandigen Böden.

Bedeutung: Die getrockneten Zweige, Blätter und Blüten bilden die Droge des Besenginsters. Sie enthalten neben anderen Wirkstoffen verschiedene giftige Alkaloide. Man verordnet sie fast ausschließlich in der Pflanzenmedizin und setzt sie in Form verschiedener Präparate mit den gereinigten Alkaloiden bei Herzrhythmusstörungen, niedrigem Blutdruck oder Venenerkrankungen ein. Die Blüten haben vor allem eine harntreibende Wirkung.

Blüte gelb, spiegelsymmetrisch

> **Bestimmungstipp:**
> Die großen, gespornten Blüten mit ihren Farbvariationen kennzeichnen die Kapuzinerkresse.

Kapuzinerkresse
Tropaeolum majus

Merkmale: Die Kapuzinerkresse ist eine einjährige, sehr dicht beblätterte Pflanze mit niederliegendem Stängel, kann aber mithilfe ihrer Blattstiele bis zu 3 m hoch ranken. Ihre lang gestielten, wechselständigen Blätter sind etwa rund und haben einen welligen Rand. Der Blattstiel setzt in der Mitte der Spreite an.

Blüten: Die lang gestielten Blüten erscheinen von Juni bis Oktober einzeln in den Achseln der Blätter. In einem fünfzipfeligen Kelch, der nach hinten in einen langen, fast geraden Sporn ausläuft, sitzen fünf nicht verwachsene Kronblätter. Die unteren drei sind an ihrer Basis kräftig behaart. Ihre Farbe variiert zwischen gelben, orangefarbenen und roten Tönen.

Früchte: Als Frucht wird eine große, rundliche Kapsel ausgebildet.

Vorkommen: Die Kapuzinerkresse stammt aus Peru und wurde erst spät als Zierpflanze nach Europa gebracht.

Bedeutung: In den Blättern wurde ein Senföl-Gykosid entdeckt, das antibiotisch wirkt. Man verwendet es in Präparaten gegen Infektionen der Harn- und Atemwege. Möglicherweise steigert es auch die natürlichen Abwehrfunktionen des Körpers. Obwohl die Kapuzinerkresse wegen der späten Einfuhr in der Volksheilkunde weitgehend unbekannt ist, gibt es doch eine praktische Verwendung: Die in Essig eingelegten Knospen schmecken wie Kapern, und die Blätter dienen als Gewürz.

Die Kapuzinerkresse bildet Blüten in vielerlei Gelb- und Rottönen aus.

Arten- und Sachregister

Achäne 19
Achillea millefolium 89
Achillea moschata 89
Ackerrittersporn 123
Ackerschwarzkümmel 116
Ackersenf 129
Ackerstiefmütterchen 176
Acorus calamus 160
Adonis vernalis 169
Adonisröschen, Frühlings- 169
Aegopodium podagraria 66
Aesculus hippocastanum 105
Aethusa cynapium 68
Agrimonia eupatoria 140
Ährenminze 124
Alant, Echter 168
Alcea rosea 32
Alchemilla alpina 139
Alchemilla vulgaris 139
Alkaloide 23
Allermannsharnisch 94
Alliaria petiolata 60
Allium cepa 94
Allium sativum 95
Allium schoenoprasum 114
Allium ursinum 96
Allium victorialis 94
Alpenfrauenmantel 139
Althaea officinalis 32
Ampfer, Krauser 155
Ampfer, Stumpfblättriger 155
Anchusa officinalis 112
Andorn, Gewöhnlicher 103
Anethum graveolens 144
Angelica archangelica 146
Angelica sylvestris 146
Anthericum liliago 93
Anthriscus cerefolium 68
Anthyllis vulneraria 181
Apfelbaum 84
Apium graveolens 69
Arctium lappa 43
Arctostaphylos uva-ursi 80
Armoracia rusticana 64
Arnica montana 166
Arnika 166
Artemisia abrotanum 165
Artemisia absinthium 164
Artemisia dracunculus 165
Artemisia vulgaris 163
ätherisches Öl 23
Atropa bella-donna 34
Aufrechtes Fingerkraut 132
Augentrost, Gewöhnlicher 104

Bachbunge 106
Bachehrenpreis 106
Baldrian, Gewöhnlicher 38
Bärlauch 96
Bärentraube, Echte 80
Bärentraube, Immergrüne 80
Basilikum 53
Baum 14
Beere 19
Beifuß, Gewöhnlicher 163
Beinwell, Echter 109
Bellis perennis 98
Benediktenkraut 161
Berberis vulgaris 175
Berberitze, Gewöhnliche 175
Bergbohnenkraut 50
Bergehrenpreis 107
Bergweidenröschen 28
Bergwohlverleih 166
Besenginster 184
Besenheide 26
Betonica officinalis 52
Bibernelle, Große 73
Bibernelle, Kleine 41
Bickbeere 40
Bitteres Schaumkraut 63
Bitterstoffe 23
Blattfieder 16
Blattformen 16
Blattscheide 17
Blaubeere 40
Blütenfarben 10
Blütenformen 12
Blutwurz 132
Bohnenkraut, Berg- 50
Bohnenkraut, Echtes 51
Bohnenkraut, Sommer- 51
Bohnenkraut, Winter- 50
Borago officinalis 112
Borretsch 112
Brassica napus 126
Brassica nigra 127
Brassica oleracea 126
Breitwegerich 90
Brennnessel, Große 138
Brennnessel, Kleine 138
Brombeere, Gewöhnliche 86
Brunnenkresse 62
Bryonia dioica 75
Bunter Hohlzahn 182

Calendula officinalis 167
Calluna vulgaris 26
Caltha palustris 174
Capsella bursa-pastoris 61

Cardamine amara 63
Cardamine pratensis 63
Carum carvi 67
Centaurea cyanus 115
Centaurium erythraea 37
Chamomilla recutita 99
Chelidonium majus 130
Christrose 74
Chrysanthemum leucanthemum 98
Cichorium intybus 115
Cicuta virosa 67
Cirsium oleraceum 162
Cnicus benedictus 161
Conium maculatum 70
Consolida regalis 123
Convallaria majalis 92
Coriandrum sativum 70
Corydalis cava 57
Crataegus laevigata 83
Crataegus monogyna 83
Cucurbita pepo 147
Cytisus scoparius 184

Deutsche Schwertlilie 118
Digitalis grandiflora 179
Digitalis lanata 178
Digitalis lutea 178
Digitalis purpurea 56
Dill 144
Döldchen 13
Dolde 13
Doldenstrahl 13
Doldiger Milchstern 93
Dorn 15
Dornige Hauhechel 59
Doronicum grandiflorum 166
Dost, Wilder 49
Dotterblume, Sumpf- 174
Droge 22
Duftlose Kamille 99
Duftveilchen 118

Eberesche 88
Eberraute 165
Echinacea angustifolia 44
Echinacea purpurea 44
Echte Bärentraube 80
Echte Engelwurz 146
Echte Kamille 99
Echte Nelkenwurz 148
Echte Pfefferminze 45, 124
Echter Alant 168
Echter Kreuzdorn 136
Echter Kümmel 67

Arten- und Sachregister

Echter Lavendel 121
Echter Lein 111
Echter Majoran 48
Echter Salbei 120
Echter Schwarzkümmel 116
Echter Steinklee 180
Echter Wermut 164
Echter Wundklee 181
Echtes Bohnenkraut 51
Echtes Herzgespann 58
Echtes Johanniskraut 151
Echtes Labkraut 131
Echtes Lungenkraut 108
Echtes Mädesüß 72
Echtes Seifenkraut 36
Echtes Tausendgüldenkraut 37
Efeu, Gewöhnlicher 156
Ehrenpreis, Bach- 106
Ehrenpreis, Berg- 107
Ehrenpreis, Großer 106
Ehrenpreis, Wald- 107
Eibisch 32
einfaches Blatt 16
Eingriffeliger Weißdorn 83
einjährige Pflanze 15
Eisenkraut 110
Engelwurz, Echte 146
Engelwurz, Wilde 146
Enzian, Gelber 150
Epilobium montanum 28
Epilobium parviflorum 28
Erdbeere, Knack- 78
Erdbeere, Wald- 78
Erdrauch, Gewöhnlicher 57
Erica carnea 27
Erica tetralix 27
Estragon 165
Euphrasia officinalis 104
Euphrasia rostkoviana 104

Fahne 12
Färberginster 184
Faulbaum 158
Feldthymian 46
Fenchel 145
Fieberklee 81
Filipendula ulmaria 72
Filipendula vulgaris 72
Fingerhut, Gelber 178
Fingerhut, Großblütiger 179
Fingerhut, Roter 56
Fingerhut, Wolliger 178
Fingerkraut, Aufrechtes 132
Fingerkraut, Gänse- 149
Fingerkraut, Kriechendes 149
Flachs 111
Flavonoide 23

Fliederbeere 85
Flügel 12
Foeniculum vulgare 145
Fragaria vesca 78
Fragaria viridis 78
Frangula alnus 158
Frauenmantel, Alpen- 139
Frauenmantel, Gewöhnlicher 139
Fruchtknoten 12
Frühlingsadonisröschen 169
Frühlingsschlüsselblume 154
Fumaria officinalis 57

*G*aleopsis angustifolium 50
Galeopsis segetum 182
Galeopsis speciosa 182
Galium album 131
Galium aparine 65
Galium mollugo 131
Galium odoratum 65
Galium verum 131
Gämswurz, Großblütige 186
Gänseblümchen 98
Gänsefingerkraut 149
Gartenkerbel 68
Gartenkresse 61
Gartenkürbis 147
Gartenpetersilie 142
Gartenrettich 30
Gartenringelblume 167
Gartenrosmarin 122
Gartenthymian 47
gefiedertes Blatt 16
Gefleckter Schierling 70
Geflecktes Lungenkraut 108
gegenständige Blätter 16
Geißfuß 66
Gelber Enzian 150
Gelber Fingerhut 178
Gelber Hohlzahn 182
Gelber Lein 76
Gemüsekohl 126
Genista tinctoria 184
Gentiana lutea 150
Gerbstoffe 23
gesponte Blüte 12
Geum urbanum 148
Gewöhnliche Berberitze 175
Gewöhnliche Brombeere 86
Gewöhnliche Goldrute 171
Gewöhnliche Himbeere 87
Gewöhnliche Knoblauchsrauke 60
Gewöhnliche Nachtkerze 177
Gewöhnliche Ochsenzunge 112
Gewöhnliche Pestwurz 97

Gewöhnliche Rosskastanie 105
Gewöhnliche Schafgarbe 89
Gewöhnliche Vogelmiere 77
Gewöhnliche Wegwarte 115
Gewöhnlicher Andorn 103
Gewöhnlicher Augentrost 104
Gewöhnlicher Baldrian 38
Gewöhnlicher Beifuß 163
Gewöhnlicher Beinwell 109
Gewöhnlicher Efeu 156
Gewöhnlicher Erdrauch 57
Gewöhnlicher Frauenmantel 139
Gewöhnlicher Odermennig 140
Gewöhnlicher Sanddorn 137
Gewöhnlicher Wolfstrapp 102
Gewöhnliches Leinkraut 183
Gewöhnliches Stiefmütterchen 176
Giersch, Zaun- 66
Gilbweiderich, Hain- 141
Ginster, Besen- 184
Ginster, Färber- 184
Glechoma hederacea 117
Glockenheide 27
Glykoside 23
Gnadenkraut 104
Goldrute, Gewöhnliche 171
Goldrute, Kanadische 171
Graslilie, Traubige 93
Gratiola officinalis 104
Großblütige Gämswurz 186
Großblütige Königskerze 152
Großblütiger Fingerhut 179
Große Bibernelle 73
Große Brennnessel 138
Große Klette 43
Große Sternmiere 77
Großer Ehrenpreis 106
Großer Wegerich 90
Großer Wiesenknopf 41
Großes Immergrün 113
Großes Mädesüß 72
Großes Schöllkraut 130
Grundblätter 16
Grüne Nieswurz 74
Gundelrebe 117
Gundermann 117
Gurkenkraut 112, 144

Haare 15
Habichtskraut, Kleines 172
Hagebutten 35
Hain-Gilbweiderich 141
Hainveilchen 118
Halbstrauch 14

187

Arten- und Sachregister

handförmig gefiedertes Blatt 16
Hasenklee 54
Hauhechel, Dornige 59
Hauhechel, Kriechende 59
Heckenrose 35
Hedera helix 156
Heidelbeere 40
Heilziest 52
Helichrysum arenarium 170
Helleborus niger 74
Helleborus viridis 74
Herzgespann, Echtes 58
Hieracium pilosella 172
Himbeere, Gewöhnliche 87
Hippophae rhamnoides 137
Hirtentäschel 61
Hohe Schlüsselblume 154
Hohler Lerchensporn 57
Hohlzahn, Bunter 182
Hohlzahn, Gelber 182
Hohlzahn, Saat- 182
Hohlzahn, Schmalblättriger 50
Holunder, Schwarzer 85
Hopfen 134
Huflattich 173
Hülse 19
Humulus lupulus 134
Hundspetersilie 68
Hundsrose 35
Hypericum perforatum 151
Hyssopus officinalis 119

Immergrün, Großes 113
Immergrün, Kleines 113
Immergrüne Bärentraube 80
Inula helenium 168
Iris germanica 118

Johannisbeere, Rote 157
Johannisbeere, Schwarze 157
Johanniskraut, Echtes 151

Kaiserwurz 71
Kalmus 160
Kamille, Duftlose 99
Kamille, Echte 99
Kanadische Goldrute 171
Kapsel 19
Kapuzinerkresse 185
Käsepappel, Kleine 33
Kelch 12
Kerbel, Garten- 68
Klebkraut 65
Klee, Hasen- 54
Klee, Mittlerer 55
Klee, Rot- 55
Klee, Wiesen- 55

Kleinblütige Königskerze 153
Kleinblütiges Weidenröschen 28
Kleine Bibernelle 41
Kleine Brennnessel 138
Kleine Käsepappel 33
Kleines Habichtskraut 172
Kleines Immergrün 113
Kleines Mädesüß 72
Klette, Große 43
Klettenlabkraut 65
Knackerdbeere 78
Knoblauch 95
Knoblauch, Wilder 96
Knoblauchsrauke, Gewöhnliche 60
Knöterich, Schlangen- 39
Knöterich, Vogel- 39
Kohl, Gemüse- 126
Kohlkratzdistel 162
Kohlrübe 126
Königskerze, Großblütige 152
Königskerze, Kleinblütige 153
Königskerze, Windblumen- 152
Köpfchen 13
Körbchen 13
Koriander 70
Kornblume 115
Kratzdistel, Kohl- 162
Krauser Ampfer 155
Kresse, Garten- 61
Kreuzdorn, Echter 136
Kreuzdorn, Purgier- 136
Kriechende Hauhechel 59
Kriechendes Fingerkraut 149
Kronblätter 12
Krone 12
Küchenzwiebel 94
Kümmel, Echter 67
Kümmel, Wiesen- 67
Kuhblume 172
Kürbis 147
Kurztrieb 14

Labkraut, Echtes 131
Labkraut, Wiesen- 131
Lamium album 100
Langtrieb 14
Laubholz-Mistel 135
Lavandula angustifolia 121
Lavendel, Echter 121
Lein, Echter 111
Lein, Gelber 76
Lein, Purgier- 76
Lein, Wiesen- 76
Leinkraut, Gewöhnliches 183
Leonurus cardiaca 58

Lepidium sativum 61
Lerchensporn, Hohler 57
Levisticum officinale 143
Lichtnelke, Rote 36
Liebstöckel 143
Linaria vulgaris 183
Linde, Sommer- 159
Linde, Winter- 159
Linum catharticum 76
Linum flavum 76
Linum usitatissimum 111
Lippenblüte 13
Löwenzahn 172
Lungenkraut, Echtes 108
Lungenkraut, Geflecktes 108
Loranthus europaeus 135
Lycopus europaeus 102
Lysimachia nemorum 141
Lysimachia nummularia 141

Mädesüß, Echtes 72
Mädesüß, Großes 72
Mädesüß, Kleines 72
Maggikraut 143
Maianthemum bifolium 92
Maiglöckchen 92
Majoran, Echter 48
Majoran, Wilder 49
Majorana hortensis 48
Malus domestica 84
Malva neglecta 33
Malva sylvestris 33
Malve, Weg- 33
Malve, Wilde 33
Margarite, Wiesen- 98
Mariendistel 42
Marrubium vulgare 103
Märzveilchen 118
Matricaria recutita 99
Meerrettich 64
Meerzwiebel 93
Meisterwurz 71
Melilotus officinalis 180
Melissa officinalis 101
Melisse 101
Mentha aquatica 125
Mentha longifolia 45
Mentha pulegium 125
Mentha spicata 124
Mentha x *piperita* 45, 124
Menyanthes trifoliata 81
Milchstern, Doldiger 93
Minze, Ähren- 124
Minze, Polei- 125
Minze, Ross- 45
Minze, Wasser- 125
Mistel, Laubholz- 135

Arten- und Sachregister

Mittlerer Klee 55
Mittlerer Wegerich 90
Moschus-Schafgarbe 89

Nachtkerze, Gewöhnliche 177
Nasturtium officinale 62
Nebenblatt 17
Nelkenwurz, Echte 148
Nieswurz, Grüne 74
Nieswurz, Schwarze 74
Nigella arvensis 116
Nigella sativa 116

Oberlippe 13
Ocimum basilicum 53
Ochsenzunge, Gewöhnliche 112
Odermennig, Gewöhnlicher 140
Oenothera biennis 177
Ononis repens 59
Ononis spinosa 59
Oregano 49
Origanum majorana 48
Origanum vulgare 49
Ornithogalum umbellatum 93
Oxalis acetosella 79

paarig gefiedertes Blatt 16
Papaver somniferum 29
Pestwurz, Gewöhnliche 97
Pestwurz, Rote 97
Petasites hybridus 97
Petersilie, Garten- 142
Petroselinum crispum 142
Peucedanum ostruthium 71
Pfefferminze, Echte 45, 124
Pfennigkraut 141
Pflanzenmedizin 23
Pimpinella major 73
Pimpinella saxifraga 41
Plantago lanceolata 91
Plantago major 90
Plantago media 90
Poleiminze 125
Polygonum aviculare 39
Polygonum bistorta 39
Potentilla anserina 149
Potentilla erecta 132
Potentilla reptans 149
Primula elatior 154
Primula veris 154
Prunus spinosa 82
Pulmonaria officinalis 108
Purgier-Kreuzdorn 136
Purgierlein 76
Purpursonnenhut 44
Pusteblume 172

Quendel 46
Quirl 13

Rainfarn 170
Ranunculus ficaria 174
Raphanus sativus 30
Raps 126
Rettich, Garten- 30
Rhamnus catharticus 136
Rhizom 14
Ribes nigrum 157
Ribes rubrum 157
Riemenblume 135
Rinde 14
Ringelblume, Garten- 167
Rispe 13
Rittersporn, Acker- 123
Röhrenblüte 13
Rosa canina 35
Rose, Hecken- 35
Rose, Hunds- 35
Rosette 16
Rosmarin, Garten- 122
Rosmarinus officinalis 122
Rosskastanie, Gewöhnliche 105
Rossminze 45
Rotbeerige Zaunrübe 75
Rote Johannisbeere 157
Rote Lichtnelke 36
Rote Pestwurz 97
Roter Fingerhut 56
Rotklee 55
Rubus fruticosus 86
Rubus idaeus 87
Rumex acetosa 31
Rumex crispus 155
Rumex obtusifolius 155
Ruta graveolens 133

Saathohlzahn 182
Salbei, Echter 120
Salbei, Wiesen- 120
Salvia officinalis 120
Salvia pratensis 120
Sambucus nigra 85
Sanddorn, Gewöhnlicher 137
Sandstrohblume 170
Sandthymian 46
Sanguisorba officinalis 41
Saponaria officinalis 36
Saponine 23
Satureja hortensis 51
Satureja montana 50
Sauerampfer, Wiesen- 31
Sauerklee, Wald- 79
Schafgarbe, Gewöhnliche 89
Schafgarbe, Moschus- 89

Scharbockskraut 174
Schattenblümchen 92
Schaumkraut, Bitteres 63
Schaumkraut, Wiesen- 63
Schierling, Gefleckter 70
Schierling, Wasser- 67
Schiffchen 12
Schlafmohn 29
Schlangenknöterich 39
Schlehe 82
Schlüsselblume, Frühlings- 154
Schlüsselblume, Hohe 154
Schlüsselblume, Wiesen- 154
Schmalblättriger Hohlzahn 50
Schmalblättriger Sonnenhut 44
Schmetterlingsblüte 12
Schneeheide 27
Schnittlauch 114
Schöllkraut, Großes 130
Schote 19
Schwarzdorn 82
Schwarze Johannisbeere 157
Schwarze Nieswurz 74
Schwarzer Holunder 85
Schwarzer Senf 127
Schwarzkümmel, Acker- 116
Schwarzkümmel, Echter 116
Schwertlilie, Deutsche 118
Seifenkraut, Echtes 36
Sellerie 69
Senf, Acker- 129
Senf, Schwarzer 127
Senf, Weißer 128
Signaturenlehre 21
Silene dioica 36
Silybum marianum 42
Sinapis alba 128
Sinapis arvensis 129
Solidago canadensis 171
Solidago virgaurea 171
Sommerbohnenkraut 51
Sommerlinde 159
Sonnenhut, Purpur- 44
Sonnenhut, Schmalblättriger 44
Sorbus aucuparia 88
spiegelsymmetrisch 12
Spitzwegerich 91
Sporn 12
Stachel 15
Staubblätter 12
Staude 14
Steinklee, Echter 180
Stellaria holostea 77
Stellaria media 77
Sternmiere, Große 77

189

Arten- und Sachregister

Stiefmütterchen, Acker- 176
Stiefmütterchen, Gewöhnliches 176
Stiefmütterchen, Wildes 176
Stockmalve 32
Stockrose 32
Strauch 14
Strohblume, Sand- 170
Stumpfblättriger Ampfer 155
Sumpfdotterblume 174
Symphytum officinale 109

Tanacetum vulgare 170
Taraxacum officinale 172
Taubnessel, Weiße 100
Tausendgüldenkraut, Echtes 37
Teilblättchen 16
Thymian, Feld- 46
Thymian, Garten- 47
Thymian, Sand- 46
Thymus pulegioides 46
Thymus serpyllum 46
Thymus vulgaris 47
Tilia cordata 159
Tilia platyphyllos 159
Tollkirsche 34
Tormentill 132
Tragblatt 17
Traube 13
Traubige Graslilie 93
Trifolium arvense 54
Trifolium medium 55
Trifolium pratense 55
Tripleurospermum perforatum 99
Tropaeolum majus 185
Tüpfelhartheu 151
Tussilago farfara 173

unpaarig gefiedertes Blatt 16
Unterlippe 13
Urginea maritima 93

Urtica dioica 138
Urtica urens 138

Vaccinium myrtillus 40
Valeriana officinalis 38
Veilchen, Duft- 118
Veilchen, Hain- 118
Veilchen, März- 118
Veilchenwurzel 118
Verbascum densiflorum 152
Verbascum phlomoides 152
Verbascum thapsus 153
Verbena officinalis 110
Veronica beccabunga 106
Veronica montana 107
Veronica officinalis 107
Veronica teucrium 106
Vinca major 113
Vinca minor 113
Viola arvensis 176
Viola odorata 118
Viola riviniana 118
Viola tricolor 176
Viscum album 135
Vogelbeere 88
Vogelknöterich 39
Vogelmiere, Gewöhnliche 77
Volksheilkunde 23

Waldehrenpreis 107
Walderdbeere 78
Waldmeister 65
Waldsauerklee 79
Wasserminze 125
Wasserschierling 67
wechselständige Blätter 16
Wegerich, Breit- 90
Wegerich, Großer 90
Wegerich, Mittlerer 90
Wegerich, Spitz- 91
Wegmalve 33
Wegwarte, Gewöhnliche 115
Weidenröschen, Berg- 28
Weidenröschen, Kleinblütiges 28

Weinraute 133
Weißdorn, Eingriffeliger 83
Weißdorn, Zweigriffeliger 83
Weiße Taubnessel 100
Weißer Senf 128
Wermut, Echter 164
Wiesenklee 55
Wiesenknopf, Großer 41
Wiesenkümmel 67
Wiesenlabkraut 131
Wiesenlein 76
Wiesenmargerite 98
Wiesenprimel 154
Wiesensalbei 120
Wiesensauerampfer 31
Wiesenschafgarbe 89
Wiesenschaumkraut 63
Wiesenschlüsselblume 154
Wilde Engelwurz 146
Wilde Malve 33
Wilder Dost 49
Wilder Majoran 49
Wimpern 15
Windblumen-Königskerze 152
Winterbohnenkraut 50
Winterlinde 159
Wirtel 13
Wohlverleih, Berg- 166
Wolfstrapp, Gewöhnlicher 102
Wolliger Fingerhut 178
Wundklee, Echter 181

Ysop 119

Zaungiersch 66
Zaunrübe, Rotbeerige 75
Zaunrübe, Zweihäusige 75
Ziest, Heil- 52
Zitronenmelisse 101
Zungenblüte 13
Zweigriffeliger Weißdorn 83
Zweihäusige Zaunrübe 75
Zwiebel 14
Zwiebel, Küchen- 94

Bildnachweis und Impressum

Bildnachweis

Titelbild: Echter Alant; **Schmutztitel:** Bauerngarten; **Seite 2/3:** Hundsrose; **Seite 4:** Echter Lavendel (oben), Bärlauch (unten); **Seite 5:** Kapuzinerkresse; **Seite 6/7:** Märzveilchen; **Seite 24/25:** Hasenklee;

Bellmann: Seite 67 u., 76 u., 100 u., 112 u., 122 u., 141 o., 170 u.; **blickwinkel/Flohe:** Seite 74 o.; **blickwinkel/Matzer:** Seite 117 u.; **blickwinkel/Perseke:** vordere Klappe (2), Seite 24/25, 58 o., 110 u., 149; **blickwinkel/Schütz:** Seite 18 mi. li.; **blickwinkel/Tomm:** vordere Klappe (1); **blickwinkel/Westerwinter:** Seite 118 u., 181 u.; **Eisenbeiss:** vordere Klappe (2), Seite 4 u., 11 o., 18 re., 21 li., 22 u. mi., 29 o., 37 u., 46 li., 52 u., 80 o., 81 o., 85 o., 86 u., 92 u., 93 u., 100 o., 138 o., 144 li., 150 u., 153 u., 154 o., 161 o., 164 o., 171 o., 174 u., 180 u., hintere Klappe (2), U4 re. u.; **Garnweidner:** Seite 40 o., 55 u., 59 u., 64 o., 73 u., 88 u., 89 u., 94 li., 115 re., 129 o., 152 u., 153 o., 182 u., 184 u.; **Giel:** Seite 5, 44 u., 176 u.; **Hinz:** vordere Klappe (2), Seite 60 u., 63 o., 102 u.; **Lauber:** vordere Klappe (2), Seite 18 li., 19 u. mi. re., 22 u. li., 26 u., 28 u., 34 o., 41 re., 43 u., 47 u., 50 u., 54 u., 79 u., 91 u., 95 u., 105 u., 114 u., 116 u., 134 u., 151 u., 155 u. 170 u.; **Laux:** vordere Klappe (3), Seite 9 re. o., li. o., u. li., 11 mi. u., 13 li. u., re. o., 14, 15 o., 19 u. li., u. re., 20, 22 o., 23 mi. o. u., 32 re., 38 o., 41 li., 42 li., 45 re., 46 re., 47 o., 48 li., 51 re., 53 re., 57 u., 58 u., 62 u., 66 u., 68, 69 o., 70 u., 71 o., 75 u., 80 u., 84 o., 86 o., 95 o., 96 u., 97 u., 98 o., 99 li., 101 o., 104, 107 mi., 108 u., 112 o., 113 u., 114 o., 117 o., 121 re., 125 o., 128 o., 132 u., 135 re., 138 u., 140 u., 142 o., 143 re., 154 o., 159 o., 164 li., 168 u., 173, 178 li., hintere Klappe (3), U4 li. o., li. u.; **Limbrunner:** Seite 11 u., 15 mi., 26 o., 177 u.; **Marktanner:** vordere Klappe (1), Seite 4 o., 21 re. u., 34 u., 36 o., 37 o., 39 u., 60 o., 63 u., 92 u., 132 o., 141 u., 157 u.; **Nickig:** Seite 19 o., 103 u., 169 u.; **Pforr, E.:** Seite 82 u., 120 u.; **Pforr, M.:** U1, vordere Klappe (3), Seite 2/3, 6/7, 8, 9 li. mi., 10 u. mi., u. re., 11 mi. u., 13 li. u., re. u., 18 mi., 19 u. mi. li., 21 re. mi. o. re. mi. u., 22 u. mi., 23 mi. u., 27 u., 32 li., 33, 35 u., 40 u., 42 re., 44 o., 45 li., 49 o., 55 o., 65, 66 o., 67 u., 73 u., 76 o., 77 u., 78 o., 90 u., 92 o., 97 o., 99 re., 109 o., 111 u., 120 o., 128 u., 129 u., 130 u., 131, 148 u., 150 o., 156 u., 159 u., 165 o., 166 u., 167 o., 172, 175 u., 179 u., 183 u., 184 o., hintere Klappe (4); **Reinhard, H.:** Seite 27 o., 29 u., 31 u., 36 o., 43 o., 49 u., 50 o., 51 li., 52 o., 53 li., 56 o., 61 li., 62 o., 64 u., 70 o., 71 u., 72, 74 u., 75 o., 77 o., 81 u., 83 o., 84 o., 85 o., 87 o., 91 o., 93 o., 94 re., 96 o., 98 u., 101 o., 102 o., 103 o., 106 o., 107 li., 109 o., 110 o., 115 li., 116 o., 119 o., 121 li., 123 o., 124, 125 u., 126 o., 127 o., 130 o., 133, 134 o., 135 li., 137 o., 139 o., 140 o., 142 o., 143 li., 144 re., 145, 146 o., 147 o., 148 o., 151 o., 155 o., 158 o., 160 o., 161 u., 162 o., 163 u., 166 o., 167 u., 168 o., 170 o., 174 o., 175 o., 177 u., 180 o., 181 o., 183 o., 185, hintere Klappe (2), U4 re. o.; **Reinhard, N.:** Seite 111 u., 113 o., 147 o., 152 u., 156 o., 171 u.; **Riedmiller:** Seite 16, 21 re. u., 23 o., 38 u., 69 u., 139 u., hintere Klappe (1); **Schrempp:** vordere Klappe (1), Seite 9 li. u., 28 o., 30 u., 31 o., 39 o., 54 o., 56 u., 57 o., 61 re., 78 u., 126 u., 127 u., 136 o., 158 u., 178 re., 179 u., 182 o.; **Wisniewski:** Seite 88 o., 105 u., 137 u.; **Willner, O.:** Seite 162 u.; **Willner, W.:** vordere Klappe (1), Seite 1, 30 u., 35 o., 48 re., 59 o., 82 o., 83 u., 89 o., 90 u., 106 u., 118 o., 119 u., 122 o., 123 u., 136 u., 146 u., 157 o., 160 u., 163 o., 165 u., 176 o.; **Wothe:** Seite 169 o.

Dieses Buch entstand in Zusammenarbeit zwischen dem ADAC Verlag, München, und dem Gräfe und Unzer Verlag, München.

© 2000 ADAC Verlag GmbH, München
© 2000 Gräfe und Unzer Verlag GmbH, München

Text: Dr. Wolfgang Hensel
Fachberatung: Dr. Bruno P. Kremer

Projektleitung: Dr. Michael Eppinger, Mariele Radmacher-Martens
Textredaktion: Christina Freiberg
Zeichnungen: Johann Brandstetter
Bildbeschaffung: Petra Wichlinski
Layout- und Titelgestaltung:
BuchHaus Robert Gigler GmbH
Herstellung: Verena Römer
Satz: Filmsatz Schröter, München
Repro: Penta Repro, München
Druck und Bindung: Druckerei Parzeller, Fulda

Vertrieb im Buchhandel:
Gräfe und Unzer Verlag, München
ISBN 3-7742-2186-3

Das Werk einschließlich aller seiner Teile ist urheberrechtlich geschützt. Jede Verwendung außerhalb der engen Grenzen des Urheberrechtsgesetzes ist ohne Zustimmung der Verlage unzulässig und strafbar. Das gilt insbesondere für Vervielfältigungen, Übersetzungen, Mikroverfilmungen und die Verarbeitung in elektronischen Systemen.

Die Daten und Fakten dieses Buchs wurden mit äußerster Sorgfalt recherchiert und geprüft. Dennoch kann keine Gewähr für die dauerhafte Richtigkeit der Angaben übernommen werden. Einige der beschriebenen Pflanzen sind mehr oder weniger stark giftig. Beim Umgang mit ihnen ist daher Vorsicht geboten, vor allem ist darauf zu achten, dass Kinder oder Haustiere keinesfalls Teile dieser Pflanzen essen.

Sommerlinde

Schmalblättriger Sonnenhut

Laubholz-Mistel

Gewöhnliches Stiefmütterchen